LES

MANUSCRITS

DE LA

BIBLIOTHÈQUE DU LOUVRE

Brûlés dans la nuit du 23 au 24 Mai 1871
sous le règne de la Commune

PAR LOUIS PARIS

DIRECTEUR DU CABINET HISTORIQUE

PARIS

AU BUREAU DU CABINET HISTORIQUE

RUE DES GRANDS-AUGUSTINS, 5

1872

(Extrait du Cabinet historique)

LES

MANUSCRITS

DE LA BIBLIOTHÈQUE DU LOUVRE

Paris. — Impr. PILLET fils aîné, rue des Grands-Augustins, 5.

AVERTISSEMENT

Je ferai remarquer, dès le début, que mon travail devoit se borner à la reproduction textuelle du Catalogue des manuscrits, tel que le possédoit la Bibliothèque du Louvre. Or ce Catalogue mis à la disposition du public par une libéralité administrative dont à cette époque n'usoient point encore les autres bibliothèques, ne donnoit que rarement des détails sur la valeur intrinsèque des textes et sur la condition extérieure des volumes. Cette nomenclature, tout écourtée qu'elle fût, suffisoit à mon usage personnel, et j'étois résolu de la donner telle quelle aux lecteurs du *Cabinet historique*, quand M. Barbier, à l'obligeance duquel on n'a jamais eu recours en vain, s'offrit à revoir mes épreuves, à en corriger les inexactitudes et à joindre à mes indications les notes et notices que ses souvenirs et ses cartons pourroient lui fournir. C'est ce double travail que je mets aujourd'hui sous les yeux du public, et qui suffira, je pense, pour faire apprécier l'étendue des pertes que les scélérats du 23 mai ont infligées au monde lettré.

J'ajouterai à ces lignes que depuis la publication des derniers numéros du *Cabinet historique*, de nouvelles communications m'ont été faites sur des notes qui ne figuroient point en l'inventaire de la bibliothèque du Louvre et que M. Barbier a fort heureusement retrouvées dans ses papiers. Ces notes touchent la plupart à des livres imprimés, mais de haut prix, soit en raison des précieux autographes dont ils étoient enrichis, soit en raison des peintures et dessins originaux dont ils étoient ornés. Je puis donc présenter ce tirage à part comme une véritable nouvelle édition, revue, corrigée et considérablement augmentée. Depuis les deux numéros du *Cabinet historique* qui contenoient la première édition de ce catalogue, M. Baudrillart, membre de l'Institut et inspecteur général des Bibliothèques, a publié un écrit fort intéressant sur le sujet qui nous occupe ; il a paru dans le *Bulletin administratif du ministère de l'Instruction publique* et en forme de brochure sous ce titre : *Rapport sur les pertes éprouvées par les bibliothèques publiques de Paris* en 1870-1871, adressé à M. le Ministre de l'Instruction publique.— Nous en recommandons la lecture comme complément à ce présent travail.

BIBLIOTHÈQUE DU LOUVRE

NOTICE

Nous voulions écrire ici l'histoire de la Bibliothèque du Louvre, quand, fort à propos, nous nous sommes rappelé que l'un de nos plus érudits bibliographes, M. Rathery, avoit autrefois (en 1858) publié dans le *Bulletin du Bibliophile*, une notice qui contenoit tout et plus que ce que nous eussions pu dire nous-même. Nous nous bornerons donc, avec la permission de l'auteur, à extraire de son travail ce qui rentre dans notre plan et peut le mieux servir d'introduction au catalogue des manuscrits de cette regrettable bibliothèque.

Formée primitivement à l'usage du pouvoir exécutif, puis affectée au Conseil d'État, puis enfin rapprochée, dans la maison du souverain, des chefs-d'œuvre des arts qui en constituent comme elle une dépendance, la Bibliothèque du Louvre se ressent, dans sa composition générale, des circonstances diverses qui ont présidé à son développement. Ainsi à un fonds primitif d'ouvrages sur le droit public, l'administration, les finances, l'économie politique, l'histoire, est venue s'adjoindre une riche et précieuse collection de livres, de traités, de recueils sur les beaux-arts, peinture, sculpture, architecture, ornementation, etc., que leur prix élevé interdit trop souvent au budget modeste des bibliothèques publiques, et qui ont été utilement consultées, soit par l'administration du Musée, soit par les architectes du Louvre, soit même par les ordonnateurs des fêtes royales et impériales. Le goût personnel des souverains n'a pas été sans influence sur le choix des ouvrages à diverses époques. Ainsi, les prédilections littéraires du roi Louis XVIII se reconnoissent dans de belles collections des classiques latins et françois. Les études favorites de quelques princes de la maison d'Orléans et des empereurs Napoléon Ier et Napoléon III ont amené un développement notable dans la section qui regarde la théorie et l'histoire de l'art militaire, et souvent les dépôts du Louvre ont pu fournir aux camps de Compiègne, de Fontainebleau, etc., des bibliothèques militaires destinées au délassement et à l'instruction des officiers et de l'état-major. Enfin, l'on ne s'étonnera pas que les travaux personnels de quelques-uns des conservateurs aient laissé des traces dans l'établissement confié à leurs soins. Ainsi, le savant auteur du *Dictionnaire des Anonymes*, non-seulement a enrichi par des acquisitions judicieuses les sections de la bibliographie et de l'histoire littéraire, mais encore a consigné, dans des notes écrites de sa main sur les volumes ou sur des feuillets séparés, des renseignements précieux, fruits de son érudition et de son expérience, et que l'on chercheroit vainement ailleurs. Le contingent de la littérature italienne, déjà grossi, sous l'Empire, par les envois du royaume d'Italie, s'augmenta encore par les soins de M. Valery et par l'acquisition, après sa mort, d'un choix des livres italiens de sa bibliothèque particulière.

Outre les achats considérables et les souscriptions courantes, les ouvrages retirés, à mesure que le besoin s'en faisoit sentir, des châteaux royaux où ils avoient été primitivement envoyés, la Bibliothèque du Louvre reçut encore, à diverses époques, des accroissements notables par l'adjonction totale ou partielle des livres d'autres dépôts supprimés, tels que ceux de l'Intendance de la Liste civile, des Tuileries, et, tout récemment encore, de l'Élysée, adjonctions qui permettent aujourd'hui d'évaluer à 80,000 le nombre des volumes dont elle se compose (1).

La division des belles-lettres, assez riche en ouvrages et en

(1) Par un arrêté tout récent, M. le Ministre de la Maison de l'Empereur vient de décider que la Bibliothèque du Musée et la belle collection Motteley seroient réunies à la Bibliothèque du Louvre. R.

Nous apprenons avec bonheur que la Bibliothèque du Musée n'ayant point été déplacée existe encore au Louvre. *Note de l'éd.*

réimpressions modernes, présente, en ce qui concerne nos vieux poëtes et notre ancien théâtre, une lacune d'autant plus regrettable que ce genre d'ouvrages constitue, pour ainsi dire, les pièces à l'appui de la *Vie des poëtes* par Colletet, manuscrit dont nous parlerons plus tard. Il seroit à désirer que ces monuments de notre ancienne littérature, relégués dans les dépôts de Compiègne et de Fontainebleau, à une époque où l'on ne prévoyoit pas l'importance et le développement que prendroit la bibliothèque du Louvre, fussent ramenés au lieu où ils ont le plus de chances d'être utilement consultés.

L'histoire des pays étrangers, aussi bien que leur littérature, est, à la Bibliothèque du Louvre comme dans la plupart de nos dépôts publics, de cinquante ans en arrière. Sauf les publications de la commission des *Records*, présent du gouvernement anglois, celles du congrès des États-Unis, et quelques autres des Pays scandinaves, procurées par échange et par l'intermédiaire de M. Vattemare, et sous la réserve de ce que nous avons dit relativement à la littérature italienne, les importants travaux de l'Angleterre, de l'Allemagne et des États du Nord, depuis le commencement du siècle, n'ont trouvé que peu ou point d'accès sur nos rayons. En revanche, les généralités de l'histoire, et l'histoire de France en particulier, y sont très-convenablement représentées. Les grandes collections des Bollandistes, des Bénédictins, de l'Académie des inscriptions, etc., s'y trouvent presque toutes, et le plus souvent dans les plus belles conditions. Histoire de la Révolution, de l'Empire, de la Restauration, histoire contemporaine, mémoires, polémique, pamphlets même, tous ces documents y abondent, et l'on peut y rencontrer, sur chacune des phases politiques que nous avons traversées, les témoignages pour et contre, ce qu'il faut attribuer moins encore aux vicissitudes dynastiques qu'à l'impartialité qui a présidé à la plupart des choix.

Ceci nous amène à parler de certaines collections factices qui forment comme des groupes séparés dans la série générale, et qu'il peut être utile de signaler parce qu'elles ne se trouvent point ailleurs.

1° La première dans l'ordre bibliographique et la plus considérable est celle dite de *Saint-Genis*, recueil tant imprimé que manuscrit d'arrêts, ordonnances, lettres patentes, édits, etc., formé par la famille parlementaire de ce nom et par le jurisconsulte Gillet (1). Elle s'étend depuis l'an 305 jusqu'à 1789. Mais, pour les temps anciens, et jusque vers le second tiers du XVIIe siècle, elle renferme moins de pièces proprement dites que de renvois à des collections imprimées, où il est presque toujours facile de les trouver (2). Le tout, avec de nombreux suppléments, ne forme pas moins de 800 volumes et cartons in-4°. La table manuscrite seule en a 85. Elle est rédigée par ordre alphabétique de matières, tandis que le recueil est par ordre chronologique. Il y a aussi une table chronologique manuscrite en 10 vol., de 1684 à 1786, et une table imprimée en 6 vol., de 1721 à 1750, faite pour le recueil de Prault, mais appropriée à celui de Saint-Genis par des renvois et des notes manuscrites. M. Isambert a puisé dans notre collection les principaux éléments de son Recueil des anciennes lois françoises, et il n'a pas hésité à dire, dans l'introduction qui précède cet ouvrage, « que c'étoit la plus précieuse de toutes celles existantes sur ces matières. » Il ajoute qu'elle est consultée fréquemment par les conseillers d'État et maîtres des requêtes chargés de la rédaction des projets de lois, et l'on peut dire que le rôle important donné au Conseil d'État dans nos institutions actuelles fait sentir encore plus vivement l'utilité de la collection Saint-Genis. D'ailleurs il faut remarquer qu'on y rencontre fréquemment des pièces du temps, intercalées à leur date, et qui rendent ce recueil presque aussi précieux pour l'étude de l'histoire que pour celle du droit public et de l'ancienne administration.

2° La *Bibliothèque pétrarquesque*, formée par les soins du professeur Antoine Marsand, et acquise de lui en 1826 par le roi Charles X, se compose de 862 volumes et de 736 ouvrages, dont plusieurs manuscrits précieux et un grand nombre d'éditions rares des premiers temps de l'imprimerie. Le catalogue publié à

(1) Voy. dans les *Annales encyclop.*, 1817, t. III, p. 69, une *Notice sur Aug. Nic. de Saint-Genis*, par M. ***, avec notes, par M. Barbier.

(2) Nous disons *presque toujours*, parce qu'il y a quelquefois des renvois à certains recueils factices, ou désignés d'une manière vague, qu'il n'est pas possible d'identifier avec ceux que possède la Bibliothèque. Il est du moins à désirer qu'elle arrive à réunir tous les ouvrages imprimés et même toutes les éditions citées dans le recueil, ouvrages dont il a été dressé une table spéciale, afin que ceux qui font une recherche aient la possibilité de retrouver à l'instant le document auquel on les renvoie. R.

Milan, 1826, in-4°, renferme la description détaillée de la collection. La première partie comprend les éditions de Pétrarque; la deuxième, les biographes, les commentateurs et traducteurs; la troisième, les manuscrits. Nous nous contentons d'y renvoyer les curieux, en faisant toutefois observer que, depuis 1826, il a été fait à la Bibliothèque pétrarquesque des additions qui se trouvent indiquées sur l'exemplaire du catalogue qui est à la Bibliothèque du Louvre.

3° Vient ensuite la collection dite le *Recueil A*, commencée par le libraire Nyon, et portée au nombre actuel de 1000 volumes de tous formats par les soins des bibliothécaires du Louvre qui l'ont continuée.

Elle se compose de pièces de médiocre étendue sur des sujets fort divers. On y trouve quelques rares livrets du XVIe siècle et du commencement du XVIIe, des thèses latines et allemandes de la même époque, mais surtout un grand nombre de documents pour l'histoire de la presse et de la littérature au XVIIIe et au XIXe siècle : almanachs spéciaux et provinciaux, catalogues et prospectus de librairie, polémique philosophique et littéraire, éloges académiques, vers et satires, beaucoup de ces pièces de circonstance composées de quelques feuillets et si difficiles à retrouver au bout d'un certain temqs. Chaque jour apporte son contingent à la suite de ce recueil, qui sert de refuge à beaucoup de brochures difficiles à classer autrement. Quoiqu'on ait essayé, dans les derniers volumes, de grouper les pièces par ordre de matières, la formation successive du recueil et la différence des formats ne permettent pas que cet ordre soit rigoureusement suivi. Heureusement une table des matières, qui tient à elle seule 2 vol. in-f°, vient remédier à cet inconvénient et ramener le tout à l'ordre bibliographique. Les noms d'auteurs et les titres des pièces anonymes sont reportés aux tables générales.

4° Le *Recueil sur la Révolution*, en 768 volumes ou cartons (1), est précieux, moins encore par le choix et l'abondance des pièces qui le composent que par le dépouillement minutieux qui en a été fait et qui permet de retrouver à l'instant la moindre de ces pièces, grâce aux inventaires et catalogues qui l'accompagnent : Table

(1) Il faut ajouter à ce nombre une soixantaine de cartons qui restent à dépouiller et à classer. R.

alphabétique des noms d'auteurs, 2 vol. in-fol.; des anonymes, 1 vol. in fol ; Dépouillement analytique, avec indication des dates et des volumes dont chacun porte un numéro d'ordre; Table des matières dressée sur le dépouillement qui précède; double liste des journaux de la collection, l'une alphabétique et l'autre chronologique, 1 vol. in fol. Un autre recueil, acquis de M. Viollet-le-Duc qui l'avoit formé, et renfermant 131 vol. in-8, in-12 et n-18, peut passer pour un appendice de celui de la Révolution. En effet, sous le titre assez inexact de *Théâtre révolutionnaire*, il comprend, non-seulement un grand nombre d'œuvres dramatiques représentées ou composées de 1788 à 1825, mais encore une foule de pamphlets en vers et en prose, de satires, pièces fugitives, poésies lyriques, chansons avec musique, dont la plus grande partie se rapporte aux événements et à l'époque de la Révolution. Il en existe un catalogue spécial où chaque pièce est indiquée : 1° à sa date; 2° par le nom de son auteur, ou par son titre si elle est anonyme.

MANUSCRITS.

Outre quelques curiosités dont nous ne donnerons pas ici la description, et certains volumes annotés par des hommes célèbres, tels que Cujas, Pithou, Loisel, Bossuet (1), etc., la Bibliothèque du Louvre possède un certain nombre de manuscrits qui sont l'objet d'un catalogue à part, bien qu'ils se trouvent indiqués dans le catalogue général sous chacune des divisions bibliographiques à laquelle ils appartiennent. Beaucoup sont des copies dont les originaux se retrouvent ailleurs. Bornons-nous à citer dans cette catégorie : *Mémoires secrets du Parlement de Paris, depuis* 1302 *jusqu'à sa suppression par l'Assemblée constituante*, 45 vol. in-4° avec table. *Recueil des Registres du Parlement depuis* 1319 *jusqu'en* 1670, 72 vol. in-fol., magnifique copie avec ancienne reliure en maroquin rouge. — *Extraits des Registres secrets du Parlement, de* 1500 *à* 1720, 70 vol. in-fol. — *Inventaires du Trésor des Chartres, Chartres de Lorraine et de Bar*, etc., formant une quarantaine de vol.

(1) Les *Réflexions sur la miséricorde de Dieu*, par Mlle de la Vallière, annotées de la main de Bossuet, ont donné lieu à des publications intéressantes de MM. Damas-Hinard et Romain Cornut.

in-fol. — Un beau manuscrit persan du *Shah-Nameh*, avec vignettes, etc.

D'autres sont des manuscrits originaux et précieux, soit au point de vue paléographique ou artistique, soit en raison des documents qu'ils renferment. Nous ne mentionnerons ici que pour mémoire les *Heures de Charlemagne*, le *Registre de l'ordre du Saint-Esprit*, le *Sacre de Napoléon*, avec dessins originaux d'Isabey, Percier et Fontaine, qui ont été enlevés à la Bibliothèque du Louvre pour enrichir le Musée des souverains; mais elle possède encore entre autres richesses : La *Bulle sur papyrus du Pape Agapet*, de l'année 951; — des séries de dessins originaux, ayant servi à l'illustration de divers grands ouvrages et payés magnifiquement aux auteurs ou à leurs héritiers : *Traité des arbres et arbustes de Duhamel*, exempl. sur vélin; les *Pigeons* de Mme Knip; le *Choix des diverses fleurs* et les *Roses* de Redouté; le *Musée de Florence* de Wicar. Signalons en même temps les *Dessins d'architecture pour le Louvre et Versailles*, *l'Arc de triomphe*, *l'Observatoire*, etc., par *Claude Perrault*; 2 volumes in fol. avec *texte explicatif et autographe de Charles Perrault.*

Enfin, quoique plus modestes dans leur extérieur, certains manuscrits peuvent fournir de précieuses lumières à l'histoire proprement dite et à l'histoire littéraire. Tels sont plusieurs recueils de *Pièces provenant des Archives de Joursanvault*, et principalement relatives aux dépenses du duc et de la duchesse d'Orléans au XIVe siècle; — le manuscrit sur peau vélin contenant le *Contrôle des dépenses et payements de la Maison du duc de Bedfort*, depuis le 1er octobre 1427 jusqu'au 30 septembre 1428; — les *Minutes et Correspondances du Secrétaire d'Etat Bourdin*, de 1552 à 1566, 9 vol. in-fol.; — les *Papiers de Noailles*, de 1576 à 1730, 30 vol. in-fol.; — les *Papiers d'Argenson*, de 1630 à 1757, 61 tomes en 56 vol. in-fol. et in-4°; — les *Lettres autographes de Louis XIV et des personnages de sa famille, de sa cour et de son temps*, 1 vol. in-fol.; — les *Archives du Grand Maître des cérémonies*, de 1805 à 1813, 14 vol. in-4°; — l'*Etat des dépenses faites au Temple depuis le 13 août jusqu'au 10 novembre* 1792, par le commissaire Verdier, 1 vol. in-fol., etc., etc.

Dans la littérature, indépendamment des *Lettres et manuscrits autographes de Vauvenargues*, qui ont servi à la nouvelle édition de M. Gilbert, nous signalerons en terminant les manuscrits de

Guillaume et de François Colletet, si souvent cités, si souvent consultés, mais dont on n'a pas encore donné une description détaillée, ce qui nous engage à l'insérer ici, d'après la mention rédigée par l'auteur de cette notice, dans le Catalogue des manuscrits de la Bibliothèque du Louvre.

1° G. COLLETET : Vies des poètes françois, par ordre chronologique, depuis 1209 jusqu'en 1647 (1). — Ms. original. 5 vol. in-4°.

2° Copie de l'Histoire générale et particulière des poètes anciens et modernes, par ordre alphabétique. 6 vol. in-4°.

3° Préface, observations générales sur la vie des poètes. — Notes diverses. 1 vol. in-4°.

4° Pièces relatives à l'édition projetée en 1730 de la Vie des poètes de Colletet. 1 vol. in-fol.

5° G. ET F. COLLETET : Hommes savants et illustres, *en latin*. — La vie des grands et illustres personnages. — Mémoire pour Louis de Revel. — Copies de Lettres du Pt de la Mare, de Nicolas Vignier, de Boisrobert, etc. — Catalogus omnium librorum exiguæ Bibliothecæ Fr. Colleteti, etc. 1 vol. in-4°,

6° FR. COLLETET : Mémoires des choses arrivées de nostre temps, particularités et autres galanteries, recueillis pour servir à l'histoire et pour en garder le soubvenir dans le cabinet de 1648 à 1669. 1 vol. in-4°.

7° FR. COLLETET : Le Conducteur des étrangers à Paris et dans les environs (1679). — Recueil des poésies de G. et F. Colletet et de quelques autres auteurs. 1 vol. in-4°.

8° G. ET F. COLLETET : Pièces de théâtre : la Chasse des Hollandois, le Martyre de sainte Julienne, les Illustres Malheureux, etc. — Les Bienfaits reconnus, Dilude pour les jours gras. — La révolte de Jupiter contre Saturne, tragi-comédie (2). — Le

(1) Contrairement à ce que cette indication pourroit faire croire, la *Vie des poètes* ne contient malheureusement pas des notices sur beaucoup d'écrivains, tels que Saint-Amand, Théophile, etc., qui avoient écrit dans la première moitié du XVIIe siècle, et sur lesquels présisément G. Colletet auroit pu donner des renseignements personnels. R.

(2) On lit à la suite la note suivante :

« Cette tragédie fut représentée à mes frais et dépens dans ma maison à l'entrée du faubourg Saint-Victor, par mes jeunes pensionnaires, le mercredi 17e novembre 1666. Et firent si bien tous que la compagnie généralement, qui estoit au moins de trois cents personnes, dont près de deux

triomphe de l'Assomption de la Vierge. — Dilude pour la distribution des prix. — Distribution des prix aux élèves de F. Colletet. 1 vol. in-4°.

9° Témoignages des auteurs touchant G. Colletet, recueillis par son fils F. Colletet. — L'Enéide travestie, liv. V, Recueil des proverbes et extraits divers, etc. 1 vol. in-4°.

RELIURES, DÉPOUILLEMENTS ET CATALOGUES.

On peut affirmer qu'il est peu de bibliothèques qui soient tenues plus au courant que celle du Louvre, quant à la reliure des livres, le dépouillement des collections et les catalogues. Sauf les acquisitions toutes récentes, il n'y reste qu'un très-petit nombre d'ouvrages à l'état de brochure, et les reliures de luxe par Simier, Capé, etc., y abondent. Non-seulement elle possède un Catalogue général par ordre de matières, 9 vol. in-fol.; une table alphabétique des auteurs, 22 vol.; des anonymes, 6 vol.; des manuscrits, 1 vol.; mais encore, comme nous l'avons vu, elle a pu dépouiller et cataloguer un grand nombre de collections particulières, dont un pareil travail double la valeur et l'utilité.

E. J. B. Rathery,

Bibliothécaire à la Bibliothèque du Louvre.

cens estoient de très-haute condition, en sortit extremement satisfaitte. Et avoua d'une commune voix qu'elle n'avoit jamais rien veu de mieux concerté, un théâtre mieux ordonné, et des acteurs enfans mieux réussir dans une pièce assez difficile à représenter.

« M. Bourgeois demeure à l'entrée des piliers des halles, à l'Empereur; ou aux Trois Estoiles. C'est le loueur d habits pour les tragédies. Son amy M. Mareschal qui loue les lustres, loge proche Saint-Jacques de la Boucherie. » R.

LES MANUSCRITS

DE LA

BIBLIOTHÈQUE DU LOUVRE

SÉRIE A. — **Théologie.**

1. Heures de Charlemagne. Ms. du VIIIe siècle, sur peau vél., 1 vol. in-fol. — A. 72.

On trouvera que c'est commencer singulièrement notre Catalogue des Livres brûlés, que d'énoncer un volume qui exceptionnellement a échappé à l'incendie. On se rappelle que lors de la formation du Musée des Souverains il fut fait dans nos musées et nos bibliothèques une razzia qui chagrina fort messieurs les conservateurs, de tous les objets précieux réputés avoir appartenu à l'un de nos Rois. Les *Heures de Charlemagne*, que d'autres désignent sous le titre d'*Evangéliaire de Charles le Chauve*, furent de ce nombre, au grand désespoir de M. Barbier. Aujourd'hui c'est la plus précieuse épave de ce grand sinistre. Voici la description que nous en donne M. Barbier :

« C'est un in-folio, orné de six miniatures, presque entièrement écrit en lettres d'or sur un fond pourpre. — Chaque feuillet est entouré d'arabesques très-variées. Ce texte, écrit par ordre de Charlemagne et de l'impératrice Hildegarde, a été donné par Charlemagne lui-même à l'abbaye de Saint-Sernin, à Toulouse, à l'occasion du baptême de son fils Pepin. — En 1811, ce volume a été offert à Napoléon par la ville de Toulouse, peu de temps après la naissance du Roi de Rome.

2. Biblia sacra, A. 31[1]. 1 vol. in-4, reliure de Simier, en maroquin noir, Ms. sur peau vélin, à deux colonnes.

On lit au V° de la dernière feuille de ce volume la note suivante, d'une écriture fort ancienne : « Ista Biblia fuit gloriosissimi sancti Ludovici, quondam Regis Francorum. »

3. Bulle sur papyrus du pape Agapet de l'an 951.

Il existe à Narbonne un fac-simile de cette pièce, fait il y a peu d'années. Elle a été aussi publiée dans le t. VI du *Gallia Christiana*, et depuis, dans les *Papyri diplomatici* de Marini.

4. Etablissement de la religion chrétienne, évidence de sa divinité, par BOUISSON. 1824. 1 vol. in-fol. — A. 203-203[1].

5. Consecratio regis. beau Ms. sur vélin du XIVe siècle, avec ornem. en or et en couleur. 1 vol. in-4, rel. en maroq. rouge, aux armes royales. — A. 293.

6. Pièces satyriques sur la Constitution (XVIIIe siècle). 1 vol. in-12. — Rec. A. p. n° 331.

7. Avis pour la conduite d'un diocèse. Ms. du XVIIe siècle. 1 vol. in-4°. — A. 489.

8. Exposition de l'Eglise catholique par BOSSUET, édition originale, (dite d'amis) imprimée en 1671 à douze exemplaires, tous rendus à l'auteur, à l'exception de trois. — A. 463.

Ce rarissime volume portoit sur les marges de nombreuses corrections de la main de Bossuet. *Voy.* le n° 6378 du *Diction. des Anonymes*, 2e éd.

9. La dernière volonté de l'âme en forme de testament, laquelle on doit faire durant sa vie, afin d'assurer l'âme contre les tentations du diable à l'heure de la mort, par Saint CHARLES. BORROMÉE. 1 vol. in-18. — A. 602.

10. Extraits des registres du Parlement de 1319 à 1334, sur des faits concernant la famille de Noailles. 1 vol. in-4°.— Louv. Rec. A. n° 634.

11. Processus Puellae Aurelianensis. 1 vol. in-4°. — Louv. Rec. A. n° 634.

Voir la notice de M. Rathery.

12. Quelques écrits de piété adressés à mad. de Maintenon, par GODET DES MARAIS. 1 vol. in-8, rel. en maroq. r. — A. 464.

13. Impositions sur les ecclésiastiques, recueil de bulles depuis 1290 jusqu'en 1340. 5 vol. in-fol. — A. 364.

14. La religiosité des œuvres de SWEDENBORG, par d'HUPAY. 1 vol. in-4°. — A. 755.

SÉRIE B. — **Jurisprudence et Diplomatie.**

15. Procédure contre les évesques. — B. 30.

16. Autorité du roi dans l'église gallicane. — B. 53.

17. Institutions du droit ecclésiastique de France : remarques sur les différentes collections des canons de l'église de France. Ms. du XVIIe siècle. 1 vol. gr. in-4°. — B. 68.

18. Principes du droit ecclésiastique. 1 vol. in-fol. — B. 71[1].

19. Exposition des maximes et des règles consacrées par les articles organiques de la convention passée le 26 messidor an IX, entre le gouvernement françois et le pape Pie VII, par PORTALIS. 1 vol. in-fol. 1 vol de 350 pages, rel. en mar. bleu, aux armes impériales. — B. 119.

On trouvoit en tête de ce manuscrit le Rapport présenté au premier Consul et signé PORTALIS. Le tout a été imprimé par les soins de son petit-fils.

20. Procès-verbal de l'assemblée du clergé de France de 1681 et 1682, tenue à Paris. 1 vol. in-fol. — B. 128.

21. Procès-verbal de l'assemblée extraordinaire de messeigneurs les archevêques et évêques, tenue en l'archevêché de Paris en 1681. 1 vol. in-fol. — B. 129.

22. Traité de la discipline de l'Eglise de France et de ses usages particuliers. — B. 180.

23. Querelle entre l'archevêque de Paris et le grand aumonier. —Aumoniers de la rue Barbette. Clergé des Quinze-Vingts. Chapitre royal de Saint-Denis. 1 vol. in-fol. — B. 192-192[1].

24. Explication des constitutions et règlements pour la communauté des Filles de la Providence au faubourg Saint-Marcel, rue de l'Arbaleste. 1 vol. in-fol. — B. 204.

25. Règlement de l'Oratoire. — 1 vol. in-4° rel. B. 209-209[1].

26. Les causes du retardement de la paix entre le Roi Empe-

reur et le roi d'Espagne, et les remèdes qui se peuvent apporter et autres pièces. 1 vol. in-fol. — B. 293.

27. 'Ambassade de M. le commandeur de Sillery à Rome, touchant la restitution de la Valteline, en 1622. 1 v. in-fol.—B. 294.

28. Mémoire des ambassadeurs ordinaires et extraordinaires, nonces, résidents, etc., envoyés venus en France de la part du Pape, de l'Empereur, des Rois et Républiques étrangères, depuis le 20 février 1639 jusqu'au mois de mai 1639. 1 vol. in-fol. — B. 295.

29. Ambassades diverses en Turquie, en Allemagne et en Angleterre. 1620-1625. 1 vol. in-fol. — B. 298.

30. Traité de confédération et alliance entre Louis XIII et Gustave II, roi de Suède. 1631. — B. 310.

31. Testimonia SS. Patrum ex cathec. Concilii Tridentini deprompta. 1 vol. in-fol. — B. 345.

32. Institution oratoire. 1 vol. in-fol. — B. 504.

33. Recherches sur les Parlements, les Etats généraux du royaume et le conseil du Roi, 1769, par dom Bourotte. 1 vol. in-4°. — B. 522.

Paroît inédit.

34. De l'origine de la convocation des Trois-Etats de France, qui étoit jadis sous la première et deuxième lignées de nos rois. 1 vol. in-fol. — B. 543.

35. Articles extraits du cahier général présenté au Roi par les prélats et ecclésiastiques assemblés aux Etats généraux. 1615. 1 vol. in-fol. — B. 516.

36. Recueil concernant les Etats tenus depuis 1588 jusqu'en 1617 et 1651. 1 vol. in-fol. — B. 547.

37. Recueil chronologique, tant manuscrits qu'imprimés, depuis l'an 305 jusqu'en 1790, des édits, arrêts, déclarations, arrêts du conseil, arrêts du Parlement et de la Cour des aydes, sentences, lettres patentes, etc., par Gillet et de Saint-Genis. 700 vol. in-4, reliés. — B. 584.

38. Table alphabétique du recueil de MM. Gillet et Saint-Genis, depuis l'an 305 jusqu'en 1783. 85 vol. in 4°. — B. 584.

39. Table chronologique du Recueil de MM. Gillet et Saint-Genis, depuis 1684 jusqu'en 1786. 10 vol in-4°. — B. 585.

Malgré ce que l'on a déjà appris de cette riche collection par la notice de M. Rathery, nous croyons à propos, pour la faire apprécier comme elle le mérite, d'analyser encore la notice sur M. A. N. de Saint-Genis, publiée par M. Barbier avec notes dans les *Annales encyclopédiques* de 1817.

« M. de Saint-Genis, qui dans les dernières années de sa vie s'étoit retiré à Pantin, près Paris, étoit né à Vitry-le-François le 2 février 1741. — Avocat au parlement dès 1766, il avoit été pourvu d'une charge d'auditeur en 1769.

« Outre les devoirs et les fonctions habituelles de son état, il avoit formé l'entreprise d'une collection immense, celle de toutes les lois depuis le commencement de la monarchie.

« Cette étonnante et précieuse encyclopédie, la seule qui existe et qui puisse jamais exister, est composée d'environ quinze cents volumes, dont il peut être utile de donner au moins une idée abrégée.

« I. Table *alphabétique*, depuis l'an 305 jusqu'en 1790. (Cette table se termine à l'année 1783. Les dix premiers volumes indiquent le sujet de chaque ordonnance, édit, arrêt, etc., et conduisent jusqu'à l'année 1684. Depuis le onzième volume, la table ne présente que la date de chaque pièce, avec les mots ordonnance, édit, lettres patentes, etc.) In-4° de 85 volumes. *Manuscrits.*

« II. Table *chronologique*. (La table chronologique ne remonte qu'à l'année 1684; elle finit en 1786.) Au nombre de 10 volumes.
Total des tables *manuscrites*, 95 volumes in-4° reliés.

« III. Table *imprimée*, 6 volumes de format in-4. (La table *imprimée*, in-4 ne renferme qu'un espace de 29 ans, depuis 1721 jusqu'en 1750. On y trouve beaucoup d'additions manuscrites qui renvoient à la grande table.)

« IV. Recueil, tant manuscrit qu'imprimé, depuis l'an 305 jusqu'en 1790, 413 volumes in-4, reliés uniformément. (Il faut encore citer une collection supplémentaire, composée de 300 volumes environ, et à laquelle les tables manuscrites renvoient souvent.)

« V. *Parlement* et autres recueils importants, *manuscrits in-folio* environ 200 volumes.

« VI. Ouvrages *imprimés*, cités dans les tables, environ 786 volumes.
Total, environ 1,500 volumes.

« Sans les orages de la révolution, M. de Saint-Genis, qui avoit passé (avec un commis *ad hoc*) quinze ou vingt ans à continuer et augmenter ce monument, sans exemple, de la législation françoise, y auroit d'autant plus volontiers mis la dernière main, qu'étant en grande partie son ouvrage, il devenoit pour lui un objet particulier d'affection. C'est qu'en effet M. de Saint-Genis n'est pas le premier auteur de cette collection ; il n'a fait que la continuer. Cela résulte de l'examen de plusieurs manuscrits faisant partie des 200 volumes indiqués ci-dessus sous le nº 5. Un de ces manuscrits, intitulé *Traité des Offices*, avoit été préparé pour l'impression peu d'années avant la révolution. On l'a enrichi d'une préface dans laquelle l'auteur, que l'on ne nomme pas, est, dit-on, un célèbre avocat de Paris, qui avoit commencé sa profession en 1716, et dont la réputation s'est soutenue jusqu'en 1773, époque de sa mort. On y assure que cet avocat avoit, par continuation d'un travail commencé par son père, formé une collection d'ordonnances infiniment précieuse, tant par la multitude des pièces qu'elle rassembloit en ce genre, depuis le commencement de la monarchie, que par le dépouillement de toutes celles qui se trouvent éparses dans les différents livres de droit dont il a extrait les lois et même les arrêts les plus importants à la jurisprudence.

« Toutes les consultations que ce même avocat avoit faites pendant sa vie étoient rangées par ordre de matière et formoient une collection intéressante par l'ordre qu'il y avoit mis.

« Enfin les ouvrages qu'il destinoit au public, et qui sont tous écrits de sa main, étoient un troisième objet trop précieux pour ne pas le distinguer dans le nombre des manuscrits et des livres qui composoient sa bibliothèque. Un des cartons qui renferment les manuscrits dont il est ici question, porte ces mots pour étiquette : *Ouvrages de M. Gillet, relatifs à la collection de M. de Saint-Genis.*

« La préface du *Traité des Offices* apprend encore, dans un passage mal effacé, que la *collection des ordonnances* de M. Gillet et ses *manuscrits* ont été achetés par la même personne. On ignore à qui les *consultations* ont été vendues. Il est bon de remarquer aussi qu'à l'époque de la mort de M. Gillet, les magistrats et les jurisconsultes qui auroient pu apprécier le mérite des collections et des ouvrages qu'il laissoit, étoient alors dispersés hors dela capitale, et sans fonctions.

« Une grande partie de la collection de M. de Saint-Genis et des tables qui en dépendent sont de la même écriture que les manuscrits de M. Gillet. M. de Saint-Genis acquit à la vente de M. Gillet sa collection d'ordonnances et ses ouvrages manuscrits. Ce sont donc MM. Gillet père et fils qui ont commencé l'immense recueil auquel M. de Saint-Genis a mis, pour ainsi dire, la dernière main. Cette révélation ne diminue en rien la gloire de M. de Saint-Genis ; elle donne plus de prix à un recueil qui se trouve être le fruit des veilles de trois personnes consommées dans l'étude de notre jurisprudence et de notre législation.

« En 1814, S. M. Louis XVIII, dès les premiers mois de son retour, remplit les vœux du public lettré. « Mes fonctions de bibliothécaire du conseil d'Etat, ajoute ici M. Barbier, m'avoient donné lieu de voir la précieuse collection de M. de Saint-Genis, conservée à Pantin chez la veuve de ce savant et laborieux magistrat. Sur le désir qui me fut manifesté par cette dame de céder au Roi un recueil qui avoit occasionné à son mari tant de recherches et tant de dépenses, je le fis connoître à M. le baron de Vitrolles et à M. le comte de Blacas, qui eurent la bonté d'en parler au Roi. Sa Majesté ayant daigné examiner elle-même plusieurs volumes, tant du Recueil d'Ordonnances que des tables manuscrites, consentit à l'acquisition de cette importante collection, qui fut payée 100,000 fr. S. Exc. M. le comte de Blacas a bien voulu m'autoriser à la placer auprès de la bibliothèque du conseil d'Etat, aux galeries du Louvre, où elle est fréquemment et utilement consultée par MM. les conseillers d'Etat, maîtres des requêtes, etc. Un commis intelligent est spécialement chargé de la continuation de la grande table. »

Voici, pour clore cet article, la lettre par laquelle M. le comte de Blacas informoit M. Barbier que Mme veuve de Saint-Genis pouvoit se présenter à la comptabilité pour le paiement du recueil que nous venons de décrire.

Copie de la lettre adressée à M. Barbier, bibliothécaire de la Bibliothèque du Roi, par le ministre de la maison du Roi.

Ministère de la maison du Roi. — 3e division.

Paris, le 24 septembre 1814.

Je vous ai fait connaître, Monsieur, par ma lettre du 17 juin dernier, que j'avois ordonnancé le même jour en faveur de Mme de Saint-Genis, un état de paiement s'élevant à la somme de 100,000 fr. pour prix de la vente qu'elle a faite à Sa Majesté de la *collection des édits et ordonnances des Rois de France.*

A la même époque, j'ai donné avis à Mme de Saint-Genis de l'ordonnance qui avoit été rendue en son nom, et en en faisant l'envoi à M. le Trésorier général, je l'ai engagé seulement à l'acquitter en divers payements. Si Mme de Saint-Genis n'a encore rien touché sur cette ordonnance, elle peut se présenter au trésor de la Couronne où on lui donnera connoissance des formes qu'elle aura à remplir pour le paiement qui lui sera fait de la somme de 100,000 fr.

Recevez, etc.

Signé : BLACAS.

---

40. Le volume des assises et des bons usages du royaume de Jérusalem. 2 vol. in-fol. — B. 587.

41. Recueil par ordre de dates des édits, déclarations, lettres patentes du Roi, arrets de son conseil etc., concernant le clergé, les finances, le commerce, les règlements généraux, les établissements publics, etc., depuis 1690 jusqu'en 1716. 1 vol. petit in-fol. — B. 592-592[1].

42. Procès-verbal de l'Ordonnance de 1667. Ms. in-fol. — B. 816.

43. Procès-verbal de l'ordonnance criminelle de 1670. 1 vol. in-fol. — B. 817.

44. Procès-verbal de l'ordonnance criminelle de 1670. In-fol. — B. 818.

45. Notes sur les fiefs, le domaine, les bénéfices, etc., 7 cahiers mss., par GILLET. 1 vol. in-4°. — B. 1183-1183[1].

46. Plans et aménagements des forêts du Perche et de Reno, faisant partie de l'apanage de Monsieur, situées dans le ressort de la maîtrise de Mortagne, faits en 1781. — B. 1201-1201[1].

47. Plans et aménagements de la forêt de Belesme et du Buisson d'Ambray, faisant partie de l'apanage de Monsieur, situés dans le ressort de la maîtrise de Belesme, faits en 1782. — B. 1201-1201[1].

48. Projet d'aménagements des bois de la maîtrise particulière d'Alençon, dépendant de l'apanage de Monsieur, frère du Roi. — B. 1201[1].

49. Plans et Aménagements des forets et bois de la maitrise des eaux et forets de Baugé, faisant partie de l'apanage de Monsieur, en 1784. 1 vol. in-folio. — B. 1201-1201[1].

50. Table des titres de Meudon, Villebon, Aubervilliers, Fleury, et Clamart (s. d.). In-fol. — B. 1203.

51. Addition d'Inventaire des titres de Meudon, Fleury, et Clamart (s. d.). 1 vol. in-fol. — B. 1204.

52. Droits de Paccage conservés dans la foret de chaux. 1 vol. in-fol. — B. 1205.

53. Evaluation des Principautés de Sedan, etc. 1 vol. in-fol. (de 339 f. et 22). — B. 1206.

54. Etat des coupes et ventes de bois arretées au conseil du Roi en 1673 et 1674. 2 vol. in-fol. — B. 1207.

55. Aveu et dénombrement de la terre et baronie de Marly (Seine-et-Oise). 1689. 1 vol. in-fol. — B. 1208.

56. Arrets et Gages intermédiaires nouveaux et autres droits réservés. 1630 à 1755. 8 vol. in-fol. — B. 1209.

57. Procès verbal de l'évaluation de l'apanage de Monsieur, frère du Roi. 1774. — B. 1210.

58. Vol. sans titre ainsi commençant : Fol. 52 r°, 52 v°. — B. 4219.

« Dudit jour après midi, 23e aoust 1655, devant nous commiss. susdit, se sont présentés MM, Jacq. Chambon, Lieutenant, général. »

Suite. Fol. 42 et 42°°. — B. 1210.

Dudit jour (16e davril 1655) apres midi, devant nous commiss. susdit. « ... s'est présenté MM. Jacques Chambon... jusques, Paviot et Auvray. »

59. Registre des commissions données par M. de la Houssaye, pour recevoir les foy et hommage et serment de fidelité des vassaux qui ont des fiefs qui relevent des terres de l'apanage de S. A. R. le duc d'Orleans. 1720. 1 vol. in-fol. — B. 212.

60. Repertoire de Jurisprudence (sans d.). 2 vol. in-fol. — B. 1250.

61. Recueil des Conseils du Roi : origine et reglements d'iceulx, avec une continuation par DE MARILLAC. 2 vol. in-fol. — B. 1252.

62. Memoires secrets du Parlement de Paris, depuis 1302, époque à laquelle il a eté rendu sedentaire, jusqu'au moment où il a été supprimé par l'Assemblée constituante. — 45 vol. in-4°. — B. 1252[1].

Le t. XLV renferme une table chronologique.

63. Extraits des registres secrets du Parlement, de 1500 à 1727. 70 vol. in-fol. — B. 1252.

64. Recueil des Registres du Parlement, depuis 1319 jusqu'en 1670. 72 vol. in-fol. — B. 1253.

Nous citerons de cet immense recueil les pièces suivantes dont nous avons eu occasion de prendre copie :

1° Erection de la baronie de Combroude en marquisat en faveur de M. René du Puis de Fou et de Champagne, du 16 mars 1638. Reg. du Parlem., fol. 27 à 32. — B. 1253.

2° Résignation par Pierre Gibier, pretre du diocese d'Orléans, de l'abbaye de N.-D. de Juilly en faveur des Pretres de lOratoire, sise à Paris pres le chateau du Louvre. — B. 1253, f° 39.

3° Registre des arrests des Luthériens. Reg. du Parl. criminel. 1487-1548. — B. 1253.

4° Extrait des Registres du Parlement. — M. Anth. du Prat, 1er présid., fait proroger le Parlement en raison de l'invasion du Roy des Romains et dAngleterre au quartier de Picardie. — Prise de Thérouenne, du 7 sept. 1513. — B. 1253, fol. 245.

65. Abregé en ordre alphabétique des matieres publiques qui

ont été traitées dans le Conseil du Parlement, depuis le Roy Jean jusques à Louis XII, et depuis Louis XII jusques au commencement de Henri IV. 2 vol. in-fol. — B. 1258.

66. Recueil des nouvelles Ordonnances royaux concernant toutes les cours souveraines (s. d.). 1 volume in-fol. — B. 1259.

67. Extrait et recueils des registres du Conseil de la Cour du Parlement de Paris, commençant l'an 1364 et finissant l'an 1526 (s. d.). 1 vol. in-fol. — B. 1260.

68. Abregé des principales maximes établies par les arrets rapportés par M. Louet et son commentateur. 1 vol. in-fol. — B. 1268.

69. Registres de la Chambres des Comptes, depuis 1222 jusqu'en 1596. 11 vol. in-fol. — B. 1288.

70. Reglements de la Chambre des Comptes, Extraits de plumitifs, depuis 1575 jusqu'en novembre 1660. 1 vol. in-fol. — B. 1290.

71. Table générale des Officiers de la Chambre des Comptes, jusqu'en 1787. Ms. in-fol. — B. 1292.

72. Noms de tous les Officiers de la Chambre des Comptes qui ont possédé une même charge, avec la date de leurs offices. 1 vol. in-fol. — B. 1293.

73. Memoire instructif des matieres qui se traitent en la Chambre des Comptes. 1 vol. in-fol. — B. 1294.

74. Registre des Arrets rendus en la Chambre du Conseil par MM. du Parlement et de la Chambre des Comptes. 1 vol. in-fol. — B. 1295.

75. Reglements des Conseils de S. M. depuis 1270 jusquen 1703. 1 vol. in-fol. — B. 1308[2].

76. Considérations sur la nécessité d'une nouvelle organisation judiciaire et sur le retablissement des Jurandes et Maîtrises (par Soufflot de Mercy). 1 vol. — B. 1345[1].

77. Le droit Coutumier par P. Gillet. 1 vol. in-fol.— B. 1363^1.

78. Notes sur la Coutume de Normandie par Heuberdiere. 2 vol. in-fol. — B. 1455.

79. Memoires judiciaires par Saumaize de Chazans. 1 vol. in-fol. — B. 1567.

SÉRIE C.

Philosophie morale. — Sciences et Arts. Économie politique.

80. Vauvenargues. — Essay sur quelques caractères. — C. 153.
Gros in-4° minori de 708 p. (autogr.).

81. Lettres écrites de 1739 jusqu'en 1745 au Président-à-mortier du Parlement d'Aix, de Saint-Vincent, par Vauvenargues. — C. 153^1 et 153^2.

L'un autographe, l'autre copie annotée par le libraire Pontier.

Nous n'avons pas sous les yeux l'édition de Vauvenargues qu'a donnée M. Gilbert en 1862, et dans laquelle, dit-on, il a fait entrer de nombreux fragments empruntés aux manuscrits de la bibliothèque du Louvre et notamment une suite de 115 lettres adressées au marquis de Mirabeau, au Président de Saint-Vincent, à MM. de Villevieille, etc. Voici, quoi qu'il en soit, les renseignements que nous fournissions en 1855 à M. le bibliothécaire de la ville d'Aix qui nous les avoit demandés :

« J'ai vu hier les Lettres de Vauvenargues ; il y en a 42, écrites de mars 1739 à mars 1747, les unes courtes, les autres d'une certaine étendue. Ce recueil m'a paru précieux, pour l'abandon et l'intimité du style qui servira à l'appréciation exacte du caractère de l'auteur. — A côté du volume autographe est la copie des mêmes lettres, qui me paroît être de la main de Pontier, qui en préméditoit l'impression. Ce qui distingue cette copie, c'est la réserve et les étranges exclusions dont l'éditeur comptoit user dans son édition. Les passages les plus propres à faire connoître Vauvenargues, tout ce qui n'est pas absolument littéraire ou d'un intérêt public, est impitoyablement biffé comme inutile à l'édition. Voilà comment alors on entendoit les œuvres complètes... On procède autrement aujourd'hui, et, dès qu'il s'agit d'une notabilité, on en recueille pieusement les moindres bribes. Est-ce un tort, un abus ? Je ne le pense pas. Nous aimons, d'un homme célèbre, à tout connoître, à tout avoir. Les Lettres de Vauvenargues sont d'un vif intérêt d'un bout à l'autre. — Outre les Lettres, Pontier possédoit et a vendu au Louvre le manuscrit autographe avec les corrections des *Caractères*, *Maximes et Opuscules divers* de Vauvenargues. Le recueil m'a paru tout différent de l'imprimé. Il se compose de 708 p. in-4. J'ai bien de la peine à croire qu'il n'y ait pas beaucoup d'inédit dans ce précieux volume, qui, en tout cas, contient d'innombrables variantes. »

82. De la souveraineté, connoissance des vrais principes du gouvernement des peuples. 1 vol. in-4°. — C. 353.

83. Dello stato e del Principe, vol. 1, che contiene il solo prospetto dell' opera. — Rovigo, 1805, ms., 1 vol. in-4°. — C. 358.

84. Dell eccellenza della monarchia rapporto alla felicità di populo, 1805, par BONTEMPI. 1 vol. in-fol. — C. 359.

85. Instructions données à M. le Dauphin et MM. les comtes de Provence et d'Artois, 1763, par VAUGUYON (Paul-Jacques de Quelen, duc de la). — C. 378.

86. Code des Taxes, ouvrage dans lequel, après avoir démontré l'inutilité du cadastre, on signale les nombreux abus existants dans le régime des contributions actuelles. St-Omer, 1815, ms., 1 vol. in-fol. — C. 515.

87. Mémoires des généralités des royaumes de France vers 1700. 16 vol. in-fol. — C. 521.

88. Mémoire sur la navigation et l'approvisionnement de Paris, 1811, avec cartes et plans. 1 vol. in-4°, rel. en maroq. rouge aux armes impériales, par MAGIN. — C. 549.

89. Rapport sur l'état de situation du Tanaro, Asti, an XIII, par Rolland. 1 vol. in-fol. — C. 556.

90. Registre des délibérations touchant le rétablissement du commerce en France, 1602. 1 vol. in-fol. — C. 587.

91. Finances des Romains. 1 vol. in-fol. — C. 705.

92. Traité des finances extraordinaires depuis 1686 jusqu'en 1698. 1 vol. in-4°. — C. 707.

93. Mémoire pour servir à l'histoire du Publicanisme des Receveurs généraux des finances du royaume, avec leur origine et leur caractère, 1755. 1 vol. in-4°. — C. 708.

94. Etat des affaires des finances sous le ministère du cardinal de Richelieu, 1 vol. in-fol. — C. 743.

La bibliothèque de l'Arsenal possède deux copies de ce curieux mémoire.

95. Table des recettes et dépenses employées tant dans les comptes de l'épargne, depuis l'an 1600 jusques en 1664 (que le nom et les charges de Trésorier de l'épargne ont été supprimées et changés en celui de Garde du Trésor royal), qu'en ceux du Trésor royal depuis 1664 jusqu'en 1675. 1 vol. in-fol. s. vél., rel. en maroquin rouge, aux armes de Colbert. — C. 743.

96. Registre journal des recettes et dépenses faites par Savalete, Garde du Trésor royal, pendant les ann. 1768-1773, et dont les sommes pour l'arrêté de compte sont écrites et signées de la main de Louis XV. — 1 vol. in-fol., rel. en maroq. rouge, aux armes royales. — C. 745.

97. Situation financière des Communes de France au 31 décembre 1807, 3 vol. gr. in-4°, demi-rel. — C. 863.

Il manque les départements de la Marne et de Tarn-et-Garonne.
Manuscrit présentant, par ordre des 110 départements de l'Empire françois, la nomenclature des communes, la population, et les recettes et dépenses ordinaires et extraordinaires de chacune desdites communes. Les états dont se compose ce curieux document historique sont, pour la plupart, certifiés conformes par les Préfets ou Secrétaires généraux. — Acquisition faite en 1835, à la vente des livres de feu M. le comte Benoist, ancien ministre d'État et ancien directeur des contributions.

98. Rapport et mémoire présentés au Roi par sa Cour des Comptes, contenant la situation des travaux de cette cour, depuis le 1er septembre 1820 jusqu'au 1er septembre 1821, et les vues de réforme et d'amélioration relatives à ces travaux. 1 vol. in-fol. — C. 865.

99. Exposé et examen de la question concernant la dépréciation de notre signe monétaire. 4e *éd., Londres*, 1808, par Hukisson. 1 vol. pet. in-fol. — C. 873.

100. Observation sur le rapport du Comité des monnaies. 3e *éd., Lond.*, 1810, par *John Sinclair*. 1 vol. pet. in-fol. — C. 873.

Ces deux manuscrits sont des traductions faites pour Napoléon Ier, par le bureau du baron Mounier.

101. Etat de ce que montent les Traités qui ont été faits au Conseil du Roi depuis les années 1631, jusques et compris 1633. 1 v. in-fol. — C. 884.

102. Suite des Traités faits depuis 1653 jusqu'en 1660, relativement à la perception de différents droits. 1 vol. in-fol. — C. 885.

103. Role des Taxes ordonnées par le Roi pour estre payées par tous les officiers comptables, 1660. — Généralité de Dijon. 1 vol. in-fol. — C. 886.

104. Traité des Tailles. — C. 890.

105. La clef des richesses de l'empire de S. M. T. C. : — système nouveau de contributions, 1740. — C. 892.

106. Projet d'une ordonnance générale sur le fait des monnoies, avec les preuves tirées des ordonnances anciennes, édits, déclarations et arrests du Conseil et de la Cour des monnoies rendus sur ce sujet. 1 vol. in-fol.

On lit la note que voici sur le titre de cet ouvrage : « M. de Nointel avoit été chargé de ce travail par M. Desmarest, contrôleur général des finances, avec ordre de le communiquer à M. Daguesseau, pour lors procureur général au Parlement de Paris, par lequel il a été veu et corrigé en plusieurs endroits. »

107. Collection d'assignats, de papiers-monnaie et de bons de ville. 1 vol. in-f°. — C. 971.

On trouvoit en tête de ce volume, une table manuscrite très détaillée, présentant la liste alphabétique de toutes les villes, communes, établissements, etc., ayant émis des bons pendant la durée de la Révolution. Ces bons portoient les signatures autographes des agents du pouvoir.

108. Introduction au droit des monnoyes; — ms. du commencement du 18e se. 3 vol. in-4°. — C. 930.

109. Bibliotheca magica, seu catalogus librorum et scriptorum qui de magia scientiis et artibus occultis, sive sacris, sive profanis, licitis aut illicitis, vel ex professo, vel transennam agunt. Auctore HEMEY D'AUBERIVE. 1 vol. in-4°. — C. 1153[1].

110. HEMEY D'AUBERIVE. Miscellanea seu adversaria philologica. 3 vol. in-4°. — C. 1153[1].

111. HEMEY D'AUBERIVE. Philosophia orientalis : Sadder, ou le

livre des mages, abrégé des anciens livres de Zoroastre, Lamiato'l ajam, ou le poeme de Tograi. — Les Préceptes des Philosophes arabes. — Extrait des discours du Philosophe Hariri — L'Edda. — Sur les gnostiques et leurs diverses sectes. 1 vol. in-4°. — C. 1153[1].

112. HEMEY D'AUBERIVE. Remarques de bibliographie. 1 vol. in-4°. — C. 1153[1].

113. HEMEY D'AUBERIVE. — Ad bibliothecam magicam annotationes philologicae. 6 v. in-4°. — C. 1153.

114. HEMEY D'AUBERIVE. — Etymologicon verborum imprimis ad secretas artes, magiamque spectantium. — Ex Hesychio, Polluce, Suida, Varrone, Festo, Isid., Servio, Leibnitzio, Hoffmanno, etc., aliisque recentioribus collectum. 1 vol. in-4°. — C. 1153.

Nicolas Philibert HEMEY D'AUBERIVE, docteur en Sorbonne, né à Châlons-sur-Marne en 1759, mort à Paris le 10 octobre 1816, avoit été grand vicaire de l'évêque de Lescar et plus tard de M. de Marbeuf, évêque d'Autun, archevêque de Lyon. — Abbé d'Ebreuil, il s'étoit retiré dans son monastère aux approches de la révolution. Mais dénoncé, poursuivi, il lui fallut fuir à l'étranger. Son mobilier fut pillé, détruit; ses livres et ses papiers furent brûlés. Après une courte émigration, il revint à Paris, et se lia avec l'abbé Émery, qu'il aida puissamment dans ses publications. Napoléon, qui l'apprécioit, lui offrit un évêché qu'il refusa. On a de lui : *Anecdotes sur les décapités*, Paris, 1796, in-8, anonyme. On lui doit une édition de la *Doctrine de l'Ecriture sur les miracles*, de l'écossais Hay; une édition des œuvres de Bossuet; puis, en manuscrits, ses travaux sur les sciences occultes dont les titres précèdent et qui furent acquis sous le Roi Charles X; enfin une *Histoire de l'art de la verrerie chez les anciens*, qui semble perdue.

115. Recherches physiques sur le feu, par M. MARAT, docteur en médecine et médecin des Gardes du corps de M. le comte d'Artois. *Paris*, *Jombert*, 1780. 1 vol. gr. in-0.

Nous plaçons ce volume imprimé parmi les manuscrits en raison de l'autographe dont il est enrichi. Au v° du faux titre : on lit l'envoi suivant, entièrement de la main de Marat :

Madame,

« Madame la Duchesse de Cossé, de la part de son très humble et très obéissant serviteur. — L'auteur. »

116. Les huit Herbiers, ms. autographe de Mad[e] de Genlis, avec dessins originaux. 1 vol. in-4°. — C. 1403. Cité par M. Baud.

Sur l'une des gardes de ce volume, se lisoit cette notice de la main même de madame de Genlis :

« J'ai commencé cet ouvrage le 15 septembre 1811, à l'Arsenal. Outre ce qui est dans ce volume, j'ai encore une centaine de sujets peints par moi et composant une bonne partie des *Herbiers de devises énigmatiques et poétiques* (1).

« 14 mars 1814. « Signé : DUCREST GENLIS.

« L'ouvrage que j'ai publié et qui est intitulé : *la Botanique historique et littéraire* (2), ne contient qu'une très-petite partie des recherches sur les fleurs pour ces quatre herbiers, et en outre mes lectures depuis trois ans m'en ont encore fourni de nouvelles, et d'ailleurs tous les traits relatifs aux personnages dont les fleurs de mon herbier de la reconnoissance portent le nom, ne se trouvent point dans ma *Botanique* imprimée.

« Cet ouvrage, quelque médiocre qu'en puisse être l'exécution, est du moins curieux ; il est unique dans son genre; il a coûté de longues recherches et un grand travail de patience. Il a fait mes délices et tout mon amusement, surtout dans l'année pénible qui vient de s'écouler... »

Et voici encore en quels termes madame de Genlis parloit de cette composition singulière, dans le tome V de ses *Mémoires*, p. 371 :

« J'avois donné ma *Botanique historique et littéraire*, ouvrage rempli de recherches de trente ans, et comme je n'y avois parlé qu'en général des plantes de la Bible et de celles qui portent le nom des personnages qui ont existé, je fis, pour mon amusement particulier, un ouvrage manuscrit sur ces plantes, sous le titre des *Huit Herbiers*. En conséquence, je fis relier en maroquin un gros livre in-4, dans lequel j'ai peint *quatre herbiers*, formant le premier volume des *huit*, que je voulois faire ; ces quatre herbiers sont : *l'herbier sacré*, celui *de la reconnaissance et de l'amitié*, *l'herbier héraldique*, qui comprend toutes les armoiries des familles françoises dans lesquelles se trouvent des végétaux ; j'ai aussi placé dans ce même herbier des devises antiques dont les végétaux forment le corps ; enfin, *l'herbier d'or*, dans lequel j'ai placé toutes les plantes d'or dont il est parlé dans l'histoire. C'étoit, dans l'antiquité, une coutume et une magnificence très-commune parmi les souverains et les grands personnages d'avoir, dans son palais, une galerie ou un jardin artificiel rempli de plantes d'or, et de s'en envoyer réciproquement en présent. On a fait mille dissertations pour deviner le sens allégorique de la fable des pommes d'or, de la fable des *Hespérides* ; les uns ont prétendu que c'étoient des oranges, les autres des moutons, dont les pommes d'or exprimoient le profit lucratif ; je crois avoir prouvé, dans une petite dissertation que j'ai fait imprimer il y a déjà longtemps, que tout simplement les *pommes des Hespérides* étoient des pommes d'or ; j'ai donc peint en or dans mon *herbier d'or* toutes les représentations de végétaux faites de ce métal, dont j'ai trouvé le détail dans l'histoire, et le nombre en est considérable. Dans ce livre, j'ai écrit dans chaque herbier le texte explicatif, et je l'ai orné de vignettes et de culs de lampe ; j'ai peint toutes les plantes avec un soin et une vérité qui ont été loués par tous les meilleurs artistes qui l'ont vu ; il y a même des vers inédits de moi.

« Ce gros livre, magnifiquement relié, est certainement l'un des plus curieux et des plus précieux manuscrits qui existent. Comme il ne m'a pas été possible d'y travailler tous les jours, j'ai mis plusieurs années à

(1) Et mythologiques.
(2) Un vol. in-8 sans estampes.

le faire ; je l'ai fini un jour très-remarquable : ce fut celui où les alliés entrèrent à Paris, et où tout le monde étoit dans le plus terrible effroi. »

117. Choix des plus belles fleurs, dessins originaux, sur peau vélin, par Redouté. — C. 1404.

Deux volumes in-folio, reliés par Simier, en maroquin bleu, avec les chiffres du Roi Louis-Philippe.

Collection magnifique donnée à la Bibliothèque du Louvre, par la Reine Marie-Amélie.

118. Les Roses, dessins originaux de Redouté, sur peau vélin. 1 vol. in-fol., riche reliure de Simier.

Ces fleurs, ces roses de Redouté étoient admirables tout à la fois par une exactitude parfaite sous le rapport de la science botanique, par l'éclat des couleurs, et par la délicatesse et la légèreté de la teinte. « C'étoit merveille, dit un des biographes de l'artiste, de voir les mains qui créoient ces chefs-d'œuvres; elles étoient épaisses et difformes comme celles d'un terrassier, et plus d'une fois, dit-on, des poëtes de province divertirent singulièrement Redouté, en comparant ses doigts aux doigts de l'Aurore qui sème des roses. »

119. Botanique de J.-J. Rousseau, avec dessins originaux par Redouté. 1 vol. grand in-fol. sur peau vélin.

120. Système d'hylologie, ou Principes de l'organisation des forêts de la France (s. date). 1 vol. in-fol. — C. 1472.

121. Dessins originaux de la monographie des Pigeons, peints d'après nature, — par Mme Knip, (née Pauline de Courcelles), 2 vol. in-fo, rel. en maroq. rouge, par Capé. — C. 1490.

122. Flore du dictionnaire des sciences médicales décrites par F. P. Chaumeton, docteur en médecine, peinte par Mme E. P. (Ernestine Panckoucke) et par P. G. Turpin. Paris, C. L. E. Pankoucke. — C. 1509.

Exemplaires sur peau vélin avec planches retouchées au pinceau. — Cet ouvrage de Chaumeton a été continué par MM. Chamboret et Poiret.

123. Histoire naturelle générale et particulière des Mollusques terrestres et fluviales, tant des espèces que l'on trouve aujourd'hui vivantes, que des dépouilles fossiles de celles qui n'existent plus. — Œuvre posthume de M. le baron J. B. d'Aubebord de Férussac, colonel d'artillerie, etc. Continué, mis en ordre et publié par M. le baron d'Aubebord de Férussac, son fils, officier

supérieur au corps royal d'état-major. — Continué et achevé par M. Deshayes, 1819 et années suivantes, 4 vol. in-f°, rel. en maroq. rouge, reliure de Capé. — C. 1505.

Exemplaire unique sur peau vélin, avec dessins originaux. Acquis au prix de 42,000 fr.

124. Traité des arbres et arbustes par Duhamel de Monceau et ses continuateurs. Paris, 1800-1819.

Splendide exemplaire sur peau vélin en 14 vol. in-f° contenant les dessins originaux de Redouté, acquisition faite sous Louis XVIII, au prix de 30,000 fr.

125. Table des nombres composés et de leurs composants, avec des notes pour distinguer les nombres premiers jusqu'à 100,000. In-fol. — C. 1838.

126. Problemes de géométrie pratique exécutés et mis au trait, 1758, par Louis Joseph Xavier, duc de Bourgogne. 1 vol. in-4°, relié en maroq. rouge, aux armes royales. — C. 1869.

Louis Joseph Xavier Duc de Bourgogne né à Versailles le 13 septembre 1751, fils aîné de Louis, Dauphin de France et de Marie Josèphine de Saxe, petit-fils de Louis XV et frère de Louis XVI, actuellement régnant, mort le 22 mars 1761, âgé de 9 ans 6 mois 11 jours, est l'auteur de ce manuscript.

« Enlevé à l'aurore de ses jours, ce jeune prince marqua dès sa plus tendre enfance un désir ardent de s'instruire ; on remarquoit en toute occasion la solidité de son esprit naturellement géométrique et calculateur, et c'est ce qui avoit déterminé les personnes chargées de sa première éducation à lui faire commencer plustôt qu'il n'est d'usage l'étude de la physique et des mathématiques, sous les leçons du savant abbé Nollet qui les avoit enseignées avec succès à plusieurs fils de rois.

« Tous les soirs il y avoit chez lui des conversations où l'on traitoit les matières les plus savantes ; on y proposoit des questions de physique, des problèmes de géométrie, des découvertes de mécanique : rien de tout cela n'étoit au-dessus de sa portée. A sept ans, il avoit tracé de sa main un livre entier de figures de géométrie (c'est le présent manuscript); il étoit singulièrement avancé dans cette science.

« Monsieur le Duc de Bourgogne ayant tracé ce livre, le présenta à son grand Papa Louis XV pour qui il l'avoit composé et qui lui-même avoit du goût pour cette science, ainsi qu'on en peut juger par son ouvrage sur les fleuves de la France. Voici le charmant petit billet qui accompagnoit l'envoi :

« Monseigneur,

« Je prends la liberté d'offrir à Votre Majesté ce petit livre, je l'ai fait avec joie pour vous plaire, parce que je vous aime, mon cher Papa Roi de tout mon cœur. Je suis avec le plus profond respect, Monseigneur,

« De Votre Majesté,

« Très-humble et très-obéissant petit-fils, serviteur et sujet.

« Le Duc de Bourgogne. »

« Trois mois après la mort du Duc de Bourgogne, feu Monsieur le Dauphin entrant dans le cabinet du Roi, le trouva examinant le manuscript. Le Roi l'appercevant lui tendit le livre en lui disant : « Voyez Monsieur le Dauphin. » — Le Dauphin le prit des mains du Roi et l'ayant reconnu, il ne put retenir quelques larmes, et pria le Roi, de le lui laisser. Le Roi y consentit et Monsieur le Dauphin le conserva toujours avec le plus grand soin.

« Quelque tems avant sa mort il le montra à Monsieur le Duc de la Vauguyon et ce digne mentor pénétré de sensibilité pour l'ouvrage de son jeune élève le porta à ses lèvres avec le plus grand attendrissement. « Gardez-le, lui dit alors Monsieur le Dauphin ; le père va bientôt rejoindre le fils et il ne vous restera de tous les deux que le souvenir de l'amitié qu'ils avoient pour vous. »

« Après la mort de Monsieur le Duc de Vauguyon ce manuscrit se trouva dans des mains étraugères. J'ai eu le bonheur de l'en retirer et je souhaite que ce précieux monument qui atteste la pénétration et les connoissances d'un jeune prince trop tôt moissonné ne retombe jamais en des mains viles et mercenaires.

« A Paris, ce 3 juin 1776 signé par moi »

A. L. B. ROBINEAU DE BEAUNOIR,
Ecuyer et l'un des sous-Gardes de la Bibliothèque du Roi.

127. Discours sur la Marine et le Commerce. 1 vol. in-fol. — C. 2018.

Douze parties sur divers sujets concernant la marine.

128. Etat de situation comparatif des frégates de S. M. du 1er janvier 1820, au 1er juillet 1824, nº 2. — 1 vol. in-fol. — C. 2 26².

129. Etat estimatif des munitions et marchandises existant en magasin au 1er juillet 1824, nº 6. 1 vol. in-fol.— C. 2026³.

130. Compte rendu de la situation du matériel naval des travaux et des approvisionnements des Ports du Royaume dans le 2e semestre de l'an 1824. 1 vol. in-fol. — C. 2026⁴.

131. Pour le remplacement de la machine de Marly, par C. Lippi. Naples, 1810. 1 vol. in-4°. — C. 2060.

132. Etat général de la récapitulation de ce que les rigoles, aqueducs, étangs, chaussées, retenues d'eau et cloture du grand et du petit Parc de Versailles contiennent en longueur et en superficie. In-12. — C. 2060¹.

133. Ouvrage idéal dont une partie pourroit etre mise en pratique, suivi d'un projet d'établissement, à Paris, d'un bassin d'évolutions militaires, par NAUDY DE PERRONET. 1 vol. in-fol. — C. 2063.

134. Plan du Canal proposé au Roi et à son Conseil par le Baron de Marivetz, pour la réunion de l'Allier et du Cher. 1 vol. in-fol. — C. 2073.

135. Trio pour violoncelle, dédié à S. M. Louis XVIII par *Cadet* Fenri. 1 vol. in-fol. — C. 2117.

136. Grande marche pour un corps de Janitchares, de la Garde impériale, partition manuscrite. 1 vol. in fol. — C. 2123.

137. Description de la galerie d'Etoges, peinte en 1680 et années suivantes — telle qu'on la voit en 1768. — C. 2215.

Cette description a été faite en 1773, sur place, par M. Clément de Feillet, lors seigneur d'Estoges. — C'est le manuscrit dont le *Cabinet historique* a donné le texte, tome VIII, p. 193, 241, 296 et 332. — Il y a un tirage à part à petit nombre, aujourd'hui complètement épuisé.

138. Dessins d'architecture pour le Louvre et Versailles, l'Arc de Triomphe, l'Observatoire, etc., avec texte explicatif et autogr. de Ch. Perrault. 2 vol. gr. in-fol. — C. 2319.

Précieux recueil, avec notes autographes de MM. Fontaine, Vaudoyer, père et Louis Barbier placées en regard. — Les deux volumes ont été acquis en 1822 à la vente des livres du marquis Germain Garnier et sont portés sous le numéro 402 de son catalogue.

139. Plan et élévation de la Paroisse de St-Henri, a ériger sur l'emplacement de l'ancien opéra, 1822. 1 vol. in-4°. — C. 2327.

C'est le projet non exécuté d'un monument expiatoire, en souvenir du duc de Berri, assassiné par Louvel.

140. Prospectus du Nécrologe francois : Cénotaphe à Louis XVI, par C. J. Toussaint. 1 vol. pet. in-fol. — C. 2327.

141. Notice historique sur les sépultures d'Héloïse et d'Abailard, seconde restauration dans le musée royal des monuments françois d'une chapelle sépulcrale du XIIe siècle, où reposent les illustres corps de l'abbesse du Paraclet et de l'abbé de Saint-Gildes, par Alexandre Lenoir. *Paris, Haquart*, 1815, in-8.

Livre imprimé, mais exemplaire unique tiré sur papier rose, avec les dessins originaux de l'auteur.

142. Les vitraux de la cathédrale d'Auch, par Lettu. 1 vol. in-fol. — C. 2343.

Exemplaire avec planches coloriées par l'auteur.

143. Traité des Sièges et de l'attaque des places, par Vauban. 2 ex., l'un de 1704, l'autre de 1707, 2 vol. in-fol. — C. 2350 et C. 2351.

144. Principes de Géométrie nécessaires pour la fortification, par DE LA SUZE. 1 vol. in-12. — C. 2358.

145. L'école de Mars, ou Mémoire sur toutes les parties qui composent le corps militaire en France, 1723. 1 vol. in-fol., par GUIGNARD. — C. 2389.

146. Mémoire sur les colonnes milliaires et projet d'élever des pierres myriamétrales sur toutes les routes de France, 1810. 1 vol. in-fol., par AUBERT PARENT. — C. 2394.

147. Insurrection de juin 1848. — Etat général des Insurgés déclarés transportables, par les commissions militaires. Ms., 1 vol. gr. in-fol, offert à Napoléon III, et revêtu à la fin des signatures autographes de MM. Haton et Victor Foucher. — C. 2435.

Qui sait, nous écrit un savant bibliophile, si ce manuscrit n'est pas une des causes de l'incendie du Louvre?

148. Etat de la Cavalerie françoise pour 1816. 1 vol. in-8. — C. 2469.

149. Révision du Reglement de 1791 concernant les manœuvres de l'Infanterie et projet de grandes évolutions par brigades sur une ou deux lignes, 1806. 1 vol. in-fol. — C. 2480.

150. Précis d'un projet de changement et d'additions au reglement concernant l'exercice et les évolutions de l'Infanterie par le général Meunier, an XII. 1 vol. in-fol. — C. 2481.

151. Exercice de l'Infanterie au maniement du fusil, de la hallebarde, de la Pique, du Ponton, etc. Ms. du 17e siècle. — C. 2483.

152. Recueil d'observations sur les manœuvres de l'Infanterie, dédié a Buonaparte, par le gén. Schavenbourg. 2 vol. in-fol. — C. 2485.

153. Tables contenant l'histoire militaire de France, ou l'on voit les motifs des guerres, les batailles et les siéges, depuis Clovis jusqu'au règne de Louis XV (s. d.). 1 vol. gr. in-fol. en maroq. vert. — C. 2543.

154. Histoire remarquable du siège de Toulon, an XII : trad. de l'anglois par Baudry des Lozières. 1 vol. in-fol. — C. 2565.

155. Journal du camp de la Sarre, commandé par M. de Chevert : commencé le 1er septembre 1754, et fini le dernier du même mois. 1 vol. in-fol. — C. 2568.

156. Bataille du 2 frimaire an IV, armée d'Italie. Un mot sur la campagne de l'armée d'Italie en l'an VII. — Projet de défense et d'attaque contre les armées des Puissances coalisées. Lettre d'envoi, réponse du Directoire exécutif. Observations sur le projet d'attaque et de défense. 1 vol. in-fol. (par PEYNE). — C. 2592.

157. Traité sur la défense du Portugal accompagné d'une esquisse des principaux évenements des campagnes de l'armée de lord Wellington en 1808, par *Elliot William Granville.* — Lond. 1810 — trad. sur la 2e éd. 1 vol. in-4°. — C. 2613.

158. Lettres écrites du Portugal et de l'Espagne, contenant le tableau des opérations des armées sous les ordres de LL. EE. sir Arthur Wellesley et sir John Moore ; depuis l'époque du débarquement des troupes dans la baie de Mondégo, jusqu'à la bataille de la Corogne, par Adam NÉALE, membre du Collége royal de médecine, et médecin des troupes de Sa Majesté Britannique. *Londres,* 1809. 2 vol. in-fol. mss. — C. 2613. Traduction faite pour Napoléon, dans le bureau dont M. Mounier avoit la direction.

159. Les marques glorieuses du militaire françois, ou l'Etat des officiers de tout grade tués ou blessés, depuis les croisades jusqu'au règne de Louis XVI ; — établi soit d'après l'histoire, soit d'après les monuments les plus accrédités et les attestations les plus authentiques, — par Jean Franç. Louis D'HOZIER, ancien militaire et ancien chambellan de la Cour électorale de Bavière, 1809. 2 vol. pet. in-4°, dem.-rel. mar. rouge. — C. 2741.

C'est ce texte si intéressant pour la noblesse de France dont nous avons été assez heureux pour prendre, à temps, une copie complète, et dont le *Cabinet historique* a déjà donné de nombreux extraits, sous le titre de : *l'Impôt du sang.*

C'est à peu près la seule épave un peu importante de cette splendide et à jamais regrettable bibliothèque. — Nous pouvons dès ce moment annoncer comme très-prochaine la publication de ce curieux travail, qui ne comptera pas moins de 3 à 4 volumes in-8. —On en distribue dès ce jour le prospectus au bureau du *Cabinet historique*. — Qu'on nous permette à ce sujet de reproduire ici quelques lignes que M. Baudrillart a bien voulu, dans son récent Rapport, consacrer à cet ouvrage. —« Nous avons indiqué, en parlant des catalogues, un manuscrit en 2 vol., extrêmement regrettable, dont M. L. P., grâce à une copie faite complètement, annonce la prochaine publication. Nous voulons parler du livre de L. d'Hozier, auquel nombre de familles nobles attachent un prix qu'y mettront aussi tous ceux que touche dans le passé la gloire de notre patrie, tant ce livre rappelle de traditions, de courage militaire et d'héroïque fidélité au devoir! »

160. Armée expéditionnaire d'Afrique, situation militaire administrative et financière, avril 1830 (par le Cte de Bourmont), 1 vol. pet. in-fol., reliure en maroq. rouge. — C. 2643.

161. Précis sur l'insurrection de la Vendée par GIBERT. 1 vol. in-fol. — C. 2644.

162. Rapport au Roi sur la dernière insurrection de la Vendée, 1815 (par l'abbé P. GAGAULT). 1 vol. in-4°. — C. 2653.

163. Collection d'uniformes civils et militaires de France, avant et pendant la Révolution avec tables manuscrites.

Miniatures et gouaches par Hoffman, 6 vol. in-fol. — C. 2797.

164. Etat des cerfs courus par la meute du Roi dans les années 1723 à 1730 et 1736 à 1742. 2 vol. in-fol. rel. en maroq. rouge. — C. 2826.

165. Etat des cerfs courus par la meute du Roy depuis 1723 jusqu'en 1757. In-8, rel. en mar. rouge. — C. 2827.

166. Recueil des chasses de la vénérie du Roy pour les années 1814 a 1829. In-8, rel. en mar. rouge. — C. 2828.

Manque, 1823-24-25.

167. Recueil des chasses faites par l'équipage de Mgr le duc de Berri, pendant 1816 et 1817. In-4°, rel. en mar. rouge.—C. 2828.

168. Traité de natation, ou Principes simples et raisonnés sur cet art, suivi d'idées sur la manière d'habituer les chevaux à nager. Dédié à S. M. l'Empereur Napoléon par DELIGNY. 1 vol. in-4°, rel. en maroq. vert. — C. 2842.

SÉRIE D. — **Belles-lettres.**

169. A la divinité principe, à l'espèce humaine vivante, à Sa Majesté l'Empereur, — hommage intellectuel de l'état humain et terrestre. Paris, 1811, 1 vol. pet. in-fol. — D. 1018.

170. La Campagne de 1812, ou le bulletin général de la grande armée, Poëme par Decors. 1 vol. in-8. — D. 1021.

171. Notes et travaux sur différents sujets par M. N. S. GUILLON. 1 vol. in-4°. — D. 2057.

172. Modeles des lettres du Roi. s. d. 1 vol. in-fol. — D. 2100.

173. Œuvres de Voltaire de l'*Imprimerie de la Société littéraire et typographique.* — Edition dite de Khel, ou de Beaumarchais, 1784 et 1785, 89. 70 vol. in-8, gr. pap.—vél. avec les gravures avant la lettre.

Exemplaire unique pour sa splendide exécution et que nous citons ici en raison des 108 dessins originaux de Moreau dont il étoit enrichi. — Dans ces derniers temps cet exemplaire se trouvoit aux Tuileries, dans la bibliothèque de l'impératrice ou il a péri de la même façon qu'il eût péri dans la bibliothèque du Louvre.

174. Bélisaire, — composé par M. D. Marmontel, membre de l'académie françoise; — traduit (en russe) sur le Volga, *de l'imprimerie impériale de l'Université de Moscou*, 1766. — Dédié à Mgr Gabriel, évêque de Twer. 1 vol. in-8°.

Exemplaire relié en cuir de Russie, envoyé à Marmontel par l'impératrice Catherine, traducteur du Livre IX.

Voici le peu de mots que Marmontel dans ses *Mémoires*, disoit de cette traduction : « Tandis que la Sorbonne travailloit de toutes ses forces à rendre Bélisaire hérétique, déiste, impie, (car c'étoient là ses deux grands chevaux de bataille), les lettres des souverains de l'Europe et celles des hommes les plus éclairés et les plus sages, m'arrivoient de tous les côtés pleines d'éloges pour mon livre, qu'ils disoient être le bréviaire des Rois. L'impératrice de Russie l'avoit traduit en langue russe et en avoit dédié la traduction à un archevêque de son pays. »

Nous mettons également ce volume imprimé parmi les manuscrits en raison de quelques lignes autographes de l'abbé Morellet et d'une note de M. L. Barbier, qui, placée en tête du volume, donnoit le détail particulier des collaborateurs anonymes de Catherine dans la traduction du roman de Marmontel. Voici cette note :

Préface de Bélisaire par le comte Schouvaloff.

Livre Ier par J. Jélaguine.
Livre II par J.-C. Czhernicheff.
Livre III par Kosmine.
Livre IV par G. Jélagin.
Livre V par le comte Grégoire Orloff.

Livre VI par D. Wolkoff.
Livre VII par Alexandre Narischkin.
Livre VIII par le même.
Livre IX par S. M. I. Catherine.
Livre X par D. Wolkof.
Livre XI par le même.
Livre XII par le même.
Livre XIII par Alexandre Bibikoff.
Livre XIV par Mestcherski.
Livre XV par C. Wladimir Orloff.
Livre XVI par Grégoire Karitski.

SÉRIE E. — **Géographie, Voyages, et Prolégomènes historiques.**

175. Carte chinoise de la côte de la Chine, depuis l'île de Lamo jusqu'a Emuy — et Plan du Port et baye d'Emuy. 1 roul. in-fol. — E. 134.

176. Catalogue des Cartes marines contenues dans les Atlas remis au 1er consul par le dépot général de la marine. — E. 202.

177. Plans des principales villes maritimes de France, 1824. 1 vol. in-fol. — E. 208.

178. La France par Gouvernements, — cartes géographiques de la main de Louis XVI étant dauphin. 1 vol. in-f°, mar. r.—oblong.

179. Voyage de la Pérouse autour du monde, publié conformément au décret du 22 avril 1691, et rédigé par M. L. A. Milet-Mureau, général de brigade dans le corps du génie, directeur des fortifications, ex-Constituant. — *Paris, Imp. de la République, an V,* 1797. — 4 vol. in-4, et atlas in-fol., rel. en maroq. rouge.

Exemplaire unique avec les dessins originaux, et les eaux fortes, ayant appartenu à M. Millet-Moreau.

180. Itinéraire des routes et côtes de la mer et des environs, depuis le comté d'Eu, jusqu'à Dunkerque. 1 vol. petit in-fol. — E. 210.

181. Voyage dans la Vendée en Conseil de révision. — Lettres à M. F. Grille par M. Moreau, av. — E. 611.

182. Entretiens des Roys Louis XI et Louis XII, ou Image de deux regnes differents. 1 vol. in-fol. — E. 707.

Voy. Relation de M. Bertault.

183. Voyage fait par M. de Monte aux Iles occidentales, dites Canadas, côte de la Floride et Acadie, en 1604, par Paul de Montigny. In-4°. — E. 1084.

184. Recueil de pièces concernant les Indes-Orientales, contenant des fragments copiés d'après les relations de M. de Maudave, et ses lettres à Voltaire. — Des mines d'or et de diamans du Brésil. — Commerce et histoire naturelle de l'Isle-Grande. — Commerce et marine des Jésuites au Brésil. — Mission du Paraguai. — Mémoires sur l'Isle de Bourbon. — Projet de M. Hermans, pour des mines dans l'Isle de France. — Route depuis l'Isle de Bourbon jusque dans l'Inde. — Sur l'Isle de Ceylan. — Etablissements des Européens à la côte de Coromandel. — Sur la chasse du tigre. — Préjugés superstitieux des nouveaux chrétiens dans l'Inde. — Sur le royaume et la ville de Fanjaor. — Description dn Carrète. — Des princes de la côte de Malabar. — Sur l'Empire Mogol. — Manière de soutenir le commerce dans l'Inde. — Notes sur MM. de Bussy et Lally. — Sur la ville de Madras. — Notes sur Favernier et Bernier. — Culte du Lingam-Ordre, chronologie des empereurs Mogols, depuis Tamerlan. — Table géographique et historique de l'Inde. — Extrait de quelques conversations avec M. Poivre. — Mémoires sur Masulipatan, par de Verou, mans., in-4° broché.

Ce manuscrit original de Maudave, a fait partie de la bibliothèque de Lamoignon-Malesherbes et est porté sur son catalogue sous le n° 4717. — Une seconde partie de cet ouvrage est conservée en la bibliothèque du muséum d'histoire naturelle.

185. Recueil de portraits de grands personnages de l'Inde. — 1 vol. in-fol., rel. en maroq. rouge fleurdelisé.

Acheté à la vente de livres de M. Morel de Vindé. Voyez son catalog. N° 949.

186. Histoire universelle. 1 vol. in-fol. — E. 1190.

187. Gazette manuscrite, an 1786. 1 vol. in-4°. — E. 1259.

188. Eclaircissement sur les conciles de Tyr, de Jérusalem, etc., ms. du 17° siècle. 1 vol. in-4°. — E. 1326.

189. Résumé contenant les résultats des discussions, opérations,

et resolutions du Synode grec tenu a Zara, le 19 septembre 1808, par RUGGERI. — E. 1328.

190. De la nécessité du rétablissement des Ordres religieux, — *Paris et Autrey*, 1803 et 1804, par HUMBERT. Ms. adressé au Premier Consul. 1 vol. in-4°. — E. 1396.

191. Catalogue des Chanoines réguliers de la Congrégation de France, 1767. 1 vol. in-18. — E. 1396.

192. La Politique des Jésuites. — Le cabinet jésuitique. — Recueil de pièces touchant l'histoire de la compagnie de Jesus. Ms. du 17e s. 1 vol. in-4°. — E. 1408.

193. Histoire de la Condamnation des Templiers. 1 vol. in-fol. — E. 1434.

194. Ordonnance de Louis XI (du 12 janvier 1476) pour l'ordre de S. Michel. — Ms. sur velin du 15e siècle. 1 vol. in-4°. — E. 1444.

195. Profession de foi des Commandeurs de l'ordre du St Esprit, avec les signatures de tous les Commandeurs, du 28 décembre 1578 jusqu'au 31 mai 1789. — 1 vol. in-4. Ms. sur peau velin. — E. 1445.

Avec riche reliure de Capé qui en avoit reproduit les ornements et les armes de Henri III. — Ce précieux volume n'est point brûlé. Depuis plusieurs années, il avoit été placé au Louvre dans la collection dite *Musée des souverains* où il doit se retrouver.

196. Copie moderne, du précédent manuscrit. 1 vol. in-fol. — E. 1445.

197. Creation des Chevaliers de l'ordre du St Esprit, institué par Henri III, l'an 1579, et par Henri IV et Louis XIII, s. date. 1 vol. in-fol. — E. 1446.

198. Noms, surnoms, qualités, armes et blasons des chevaliers commandeurs et officiers de l'ordre du S. Esprit. 1 vol. in-fol., par SAINTE MARTHE (Louis et Scévole de). — E. 1446.

199. Registre du Greffe de l'ordre du benoist St Esprit, fondé par Henri de Valois, 3e du nom, Roy de France et de Pologne, pre-

mier chef et souverain grand maitre dud. ordre, l'an de N. S. 1578. Ms. de 129 feuil. du 17e se. — 1446 *bis*.

200. Copies de pieces sur les Protestans, 1713 à 1779. 1 vol. in-fol., rel. en maroq. rouge.— E. 1469.

201. Tacite réduit en maximes (attribué a Jean Corbinelli). Ms. du 17e siecle. 2 vol. in-4°. — E. 1585.

---

202. Recueil de lettres autographes de Louis XIV et autres personnes de la maison royale de France, à Mme de Maintenon, — avec plusieurs autres lettres de personnages célèbres du XVIIe siècle.

1 vol., in-fol., dos marq. rouge. — Ce précieux volume porté sous le n° 1181 du Catalogue des livres de la bibliothèque de M. Germain-Garnier, avoit été acquis à cette vente en 1822 par la bibliothèque du Louvre. — Nous reproduisons ici la note de Brunet à la suite de ce n° 1181.

« Ce recueil du plus haut intérêt est d'autant plus remarquable que toutes les lettres qui le composent sont écrites de la main des illustres personnes qui les ont signées : ce qui est fort rare lorsqu'il s'agit, comme ici, de lettres de souverains et de princes du sang royal. — Voici la liste des pièces qui le composent, lesquelles sont au nombre de cinquante-huit :

1. Lettre de Louis XIV à Mme de Maintenon en date du 4 novembre 1696. — Elle occupe dix pages, et on y a joint une note autographe de Mme de Maintenon.

2. Autre lettre du même à la même, écrite en 1699.

3. Quinze lettres de Monseigneur, fils de Louis XIV, — pendant les campagnes de 1690, 1693 et 1694.

4. Vingt-trois lettres du duc de Bourgogne, petit-fils de Louis XIV, pendant le voyage qu'il fit en 1701, pour accompagner son frère le roi d'Espagne, et pendant les campagnes de 1702 et 1708.

5. Trois lettres du duc d'Orléans (depuis régent de France).

6. Lettre de Mme de Maintenon au duc d'Orléans.

7. Lettre du prince de Conti (François-Louis de Bourbon).

8. Lettre de la duchesse de Bourgogne (Marie-Adélaïde de Savoie).

9. Deux lettres de Madame, (Elisabeth-Charlotte de Bavière), seconde femme de Monsieur, frère de Louis XIV.

10. Deux lettres du duc de Lorraine (Léopold), fils du duc Charles, en 1699.

11. Lettre de la duchesse de Lorraine, fille de Monsieur, frère de Louis XIV, en 1701.

12. Lettre du maréchal de Catinat au chevalier de La Fare, en 1692.

13. Lettre du duc de Vendôme, au même, en 1693.

14. Lettre du maréchal de Boufflers, au même, en 1695.

15. Lettre de Boileau-Despreaux à Racine.

16. Lettre de J. Racine à l'abbé Levasseur, en date du 3 juin 1661.

17. Brouillon (autographe pour les religieuses de Port-Royal, envoyé par Racine au cardinal de Noailles, archevêque de de Paris, en 1697. — (M. Germain Garnier a écrit en note que ce fragment n'étoit pas imprimé).

18. Brouillon (autographe) de la seconde partie de l'histoire de Port-Royal.

Depuis l'acquisition de ce recueil par la bibliothèque du Louvre, on avoit ajouté à cette collection deux lettres de Bossuet, une lettre entièrement autographe de la duchesse de La Vallière, et deux lettres de J.-J. Rousseau et de Voltaire.

SÉRIE F. — **Histoire.**

203. Opuscules du droit françois, recueillis des ordonnances, coutumes et historiens françois. 1 vol. sans date. — F. 6.

204. Histoire de France, 3e race, par CORDEMOY. Manuscrit sur pap. de 484 p., orné du port. de Louis XIV et d'un joli dessin. 1 vol. in-fol. — F. 22.

N° 2477. Catal. de Chardin.

205. Éphémérides françoises, par Parctelaine. 1 v. gr. in-4. — F. 36 [1].

Antoine Quatresous de Parctelaine, né le 30 oct. 1786 à Epernay, mort le 19 mai 1835, auteur d'une histoire de la *Guerre contre les Albi-*

geois, Paris, 1833, in-8, et d'un grand nombre d'ouvrages dramatiques et autres restés inédits.

206. Tableau contenant l'histoire militaire de la France où l'on voit les motifs des guerres, les batailles et les sièges, les noms des généraux François et ennemis, avec les traités de paix et d'alliances depuis Clovis jusqu'au règne de Louis XV. Manuscrit gr. in-fol., rel. en maroq. vert, aux armes royales.

207. Lettres et confirmations de donation de Charles le Chauve, de juin 855 et d'octobre 876. 2 portef. In-fol, avec sceaux. — F. 106[1].

Ces documents faisoient autrefois partie des archives du départ. de l'Aude; depuis 1732 jusqu'en 1826. A cette époque, ils furent offerts au roi Charles X. — Le diplome de Charles le Chauve au monastère de Sainte-Marie d'Orbieu-la-Grasse en 833, a été publié dans le tome 3 des Annales bénédictines, p. 670. — Le diplome du même prince en faveur de la même abbaye de l'année 876, publié dans le même ouvrage, p. 681, et dans le *Gallia Christiania*, t. VI, p. 418.

208. Inventaire du Trésor des Chartres du Roi : — Paris, Orléans, Bourgogne, Brie, Picardie, Normandie et Bretagne. 2 v. in-fol. — F. 108

209. Contrats de mariage des Rois de France, Princes, etc., de 1258 à 1626. — Fol. 109.

210. Edit du Roi Louis XV, portant création d'une noblesse militaire, — et déclarations, interprétations dudit édit, le tout signé de la main du Roi : par M. Sées Parcheoir. 1 vol. pet. in-fol. — F. 113.

211. Garde royale, situation au 1er janvier 1816. 1 v. pet. in-fol. F. 117-117 *bis*.

212. Recueil de chansons historiques, vaudevilles, depuis 1690 jusqu'en 1730. 2 v. pet. in-8. — F. 136 [2].

Acquisition faite à la vente Morel de Vindé.

213. Recueil Joursanvaux. Aumônes, gages et gratifications donnés par divers Princes et notamment par les ducs d'Orléans à diverses personnes et à divers titres : Pauvres, étrennes, rois de la fève, roi des Ribauds, filles de joie, fols de cour, me-

neurs de bêtes, farceurs et joueurs de personnages de 1356 à 1548. 1 vol. in-fol. — F. 145[2].

Acquisition Joursanvaux. *Voy.* notre notice aux *documents*. C'est de ce volume et des deux suivants que nous avons tiré les pièces que nous donnons dans la partie des *Documents* de la présente publication.

214. Recueil Joursanvaux. Inventaires de livres, tapisseries, meubles, constructions de navires, achats, écritures, traductions, reliures, enluminures, gages, gratifications, pensions, privilèges à des bibliothécaires, libraires, précepteurs, étudians, gens de lettres, imprimeurs, de 1318 à 1765. 1 vol. in-fol. — F. 145[2].

215. Recueil Joursanvaux. Dépenses des duc et duchesse d'Orléans : achats, dons, gages, pensions, voyages des rois Charles VI, Louis XII, François Ier et des reines leurs épouses : — de Louise de Vaudémont, épouse de Henri III. — Aides en Poitou pour le Dauphin, fils de Charles VII. — Bijoux engagés pendant la captivité du duc d'Orléans, etc., de 1341 à 1648. — F. 145[5].

Les pièces renfermées dans ce volume ainsi que dans les deux numéros précédents étaient sur parchemin, et ces trois volumes ainsi que le nº 2314 avoient été acquis sur la proposition de M. Louis Barbier.

216. De la translation de l'Empire d'Occident ès mains de Charlemagne. 1 v. in-fol. — F. 154.

Acquisition Joursanvaux.

217. Généalogie de la maison de France, depuis saint Louis jusqu'à Louis Dauphin, né en 1661. F. ferrarois, *invenit, pinxit et scripsit*, vers 1673. — F. 158[2].

Manuscrit sur vél.. monté snr soie et formant un rouleau de 14 p. de long sur 20 pouces de large. Il est orné de 12 portraits peints, de rois, princes, de blasons et de cartouches en or et en couleur.

Offert au Roi Louis XVIII, par le libraire M. Royer.

217. Chambres de Justice de 1315 à 1624. 1 vol. in-fol. — F. 169.

218. Memoires de Paris sous Charles VI et Charles VII, par un docteur en théologie, de la maison de Navarre : précédés de la bataille de Liège. 1 vol. in-fol. en veau. — F. 173.

219. Procès de la justification de l'innocence de Jeanne d'Arc, dite la Pucelle d'Orléans, 1456. — F. 176.

Faisant partie du recueil de Saint-Genis.

220. Miscellanea sur les affaires du temps, 1355 à 1689. 1 v. in-fol. — F. 191.

Nous y avions distingué les matières suivantes :

1. Procès de la Pucelle d'Orleans. — Extrait d'une histoire manuscrite des Archeveques de Reims.

2. Extraits du Procès de la même : Ex Interrogationibus.

3. Faits particuliers pour canoniser et louer la Pucelle d'Orléans, recueillis en 1623.

4. Lettre de J. Calvin au Consistoire de Bloues (Blois), du 30 janv. 1562.

5. Copie de la lettre du Grand maitre de Malte sur la naissance de l'Antechrist (en italien), du 21 aout 1609.

6. Lettre du Roi François Ier à madame de Savoie, sa mère, quant il fut pris prisonuier.

C'est la célèbre lettre écrite après la bataille de Pavie, donnée, le jour même de son arrivée, en communication au *bureau de la Cour* du Parlement de Paris. L'écriture en est du temps et cette copie peut tenir lieu de l'original, que l'on croit perdu : aussi croyons-nous devoir la reproduire. (*Voy.* aux Documents.)

7. Manifeste de M. le Prince de Condé contre M. de Sully, 1609.

8. Reponse de M. de Sully au manifeste du Prince de Condé, 1609.

Ces deux pièces ne sont point indiquées dans le P. Lelong.

9. Sommation faite par les Ambassadeurs du Roy (Henri IV) au Prince de Condé etant en Flandres, avec sa reponse, et Protestation, 16 fevrier 1610.

10. Pasquil, appelé le Puritain, fait en dérision des Huguenots et du Roy d'Angleterre, 1611.

11. Histoire d'une sorcière qui recuse le Parlement de Provence, 1611.

12. Interrogatoire de J. Michel magicien, condamné à être brûlé par jugement du Présidial de Bourbonnais, 1623.

13. Interrogatoire [d'un fou (François Davant) qui disoit avoir le St Esprit, 21 mars 1645.

14. Relation de la mort de Monaldeschi, 1656.

Elle me paroit différer en quelques points de celle de Lebel. Nous en avons une copie.

15. Etrennes pour le duc d'Enghien, par C. de Marigny. Francfort, 1er janvier 1658 (Imprimé).

221. Chroniques des Rois de France allant jusquà Louis XII. 1 vol. in-4, goth. — F. 193.

Manuscrit sur vélin du xve siècle, orné de deux miniatures et lettres initiales, peintes en or et en couleur.

222. Collection de Lettres écrites à François Ier et à d'autres rois et princes, copiées sur les orignaux par le sieur de Briancourt. 1 v. in-fol. — F. 195.

Nous ne pouvons plus citer de ce recueil que les pièces suivantes, que nous avons fait copier dans le temps, pour la bibliothèque de M. le comte Combaud d'Auteuil.

1. Le duc d'Alençon a la Royne mere. « Il lui renvoye Combaud pour en disposer comme elle l'entendra. — F. 195, fol. 403.

« Mad., St-Léger et Sourdis sont arrivés en un même temps. — Quant à Combaud... »

2. Francois, duc d'Alencon, a la Royne sa mere. — F. 195, fol. 407.

« Mad., ayant entendu par le Sr de Combaud... »

3. Francois, duc d'Alençon, au Roi son frere. Protestations de dévouement. — F. 195, p. 440.

« J'ay reçu la lettre qu'il vous a pleu m'écrire par Combaud...»

4. Francois, duc d'Alençon, au Roy son frère. Il lui recommande, par Combaut, la délivrance de quelques gentilshommes qui lui sont dévoués et arrêtés sans cause légitime. — F. 195, p. 443.

« Mgr, le Sr Combault s'en allant vous trouver... »

223. Procès du chancelier Poyet en l'an 1544, copie du 17e siècle. 1 v. in-fol. — F. 205.

224. Lettres autographes de Henri II, du Card. de Lorraine, d'Emmanuel Philibert, duc de Savoie, du chev. de Selve, d'Alexandre Montanus, de Martin du Bellay, d'Adrienne d'Estouteville, de Tavannes et de plusieurs autres princes et guerriers du 16e siècle. 1 vol. in-fol. — F. 209.

Voici comment se composoit ce recueil, et les notes dont ces lettres étoient accompagnées :

1. BELLAY (Martin du), mort en 1559, auteur des mémoires. — F. 209.

8 lettres.

2. ESTOUTEVILLE (Adrienne d'), fille unique de Jean III, sire d'Estouteville, ve de Francois de Bourbon, comte de St-Paul, morte en 1560. — F. 902.

1 lettre.

3. HUMIÈRES (Jacques de), lieutenant-général en Picardie. — F. 209.

2 lettres.

4. MONTANUS (Alexandre). — F. 209.

2 lettres.

5. SELVE (chevalier de), fils de Jean de Selve, premier présid. au Parlement de Paris. — F. 209.

2 lettres.

6. SAVOIE (Emmanuel-Philibert, duc de), mort en 1480, père du grand duc de Savoie. — F. 209.

2 lettres.

7. LORRAINE (Charles, cardinal de), archevêque de Reims mort en 1574. — F. 209.

18 lettres.

8. HENRI II à Franç. de Lorraine, duc de Guise. — F. 209.

Ces lettres sont contresignées de Claude de l'Aubespine, secretaire d'Etat, mort en 1567,—et adressées à Franç. de Lorraine, duc de Guise, tué par Poltrot de Méré, 1563.

11 lettres.

9. Philippe II, Roi d'Espagne, mort en 1598. — F. 209.

4 lettres.

10. Charles-Quint, mort en 1558. — F. 209.

1 lettre.

11. Pescaire (Franç. Ferdinm, arquis d'Avalos, et del Vasto), marié à Isabelle de Gonzague, fille du Marquis de Mantoue, et mort en 1571. — F. 209.

3 lettres.

12. Montesarchio des Avalos (le Mis de). — F. 209.

1 lettre.

13. Medicis (François Marie de), fils du Président et qui lui succeda, mort en 1587. — F. 209.

2 lettres.

14. Florence (Cosme de Medicis, duc de), depuis Grand duc de Toscane, mort en 1574. — F. 207.

2 lettres.

15. Montmorenci (François de), fils ainé du connetable Anne, mort au chateau d'Ecouen en 1579, sans postérité. — F. 209.

10 lettres.

16. Montpezat (Melchior des Prez, seigneur de). — F. 209.

2 lettres.

17. Bourbon (Louis de), Prince de Condé, tué à la Bataille de Jarnac en 1569. — F. 209.

1 lettre.

18. Bourbon (Charles de), Prince de la Roche-sur-Yon, mort en 1365. — F. 209.

1 lettre.

19. Tavannes (Guil. de Saulx), mort en 1565. — F. 209.

5 lettres.

20. Termes (Paule), maréchal de France, mort sans postérité en 1562. — F. 209.

3 lettres.

21. Vendosme (André de), seigneur de Rubempré, gouverneur d'Abbeville. — F. 209.

1 lettre.

22. Cleves (François de), duc de Nevers, mort en 1566.— F. 209.

2 lettres.

23. Chastillon (Jacques de), seigneur de Marigny, mort à la bataille de Dreux, 1562. — F. 209.

1 lettre.

24. Chavigny (le Bouthillier de). — F. 209.

4 lettres.

25. Bourdillon (le maréchal de), mort sans postérité en 1567. — F. 209.

4 lettres.

26. Estrées (Jean d'), mort en 1567. — F. 209.

1 lettre.

27. Ferrare (Hippolyte d'Est, cardinal de), fils de Lucrece Borgia. — F. 209.

1 lettre.

28. Strozzi Pietro, maréchal de France, tué au siége de Thionville en 1558. — F. 209.

1 lettre.

En tout, quatre-vingt-seize lettres, relié en 1 vol. in-fol. Ce précieux recueil avoit été acheté à la vente de livres du comte Germain Garnier.

225. Chansonnier ou recueil de chansons choisies ou vaudeville pour servir à l'histoire-anecdote, depuis 1574 jusqu'en 1746. 10 vol. in-fol. — F. 214.

226. Recueil Bourdin. Lettres et Pièces historiques de 1552 à 1566, provenant de Bourdin, secretaire des finances sous Henri II. 9 vol. in-fol. — Ces 9 vol. cot. F. 216., vol. A. B., etc., en demi-reliure mar. rouge.

En voici le détail.

Tom. 1, vol. A, du 16 oct. 1552 au 8 janvier 1566 (an. 1552, 1553, 1554, 1555).

J'avois remarqué dans ce volume :

1. Mémoyres et articles pour faire entendre au Roy et a Messeigneurs de son privé conseil pour les affaires des pays de Bresse,

Bugey et Valromey, fait au Conseil du Roy tenu à Bloy le 13e fev. 1555. — Fol. 143.

2. Double de l'enqueste sur la possession que le Roy a eue et a de présent en la Conté de Chiny (pres Sedan) I voy. ; — suivi du registre des sermens de fidélité faicte de la part de ceux du Conté de Chigny, en la présence du seigneur de Hencourt, Gouverneur pour le Roy, en la ville et prevosté d'Ivoy, le 24 jour de mars 1553.

Tom. II, *vol. B,* de 1554 à 1555, Lettres italiennes. — F. 216.

Tom. III, *vol. C,* du 1er janvier au 22 déc. 1566, quelques pieces de 1556. Puis un Memoire de ce qui est necessaire a reparer au chateau de Chambord, dressé par le Controleur des ouvrages dudit Chambord. — F. 216.

Cette dernière pièce a été fournie en copie à M. de la Saussaie, pour son *Histoire du Château de Chambord.*

Tom. IV, *vol. D,* du 1er au 28 fév. 1558.

Nous avions distingué dans ce volume :

1. Les ambassadeurs des trois ligues au Roy (Henri II).

2. Translat. de la lettre de Milord Grey, prisonnier.

Il commandoit à Ardres, prise par le duc de Guise, le 22 janvier.

3. Coyffier (Gilbert S[r] d'Effiat), trésorier de France, général des finances, au duc de Guise. — Fol. 4.

4. Le Roi à MM. les commissaires de Calais (minute). — Fol. 7.

5. Genlis (François d'Hangest), gentilhomme de la Chambre et gouv. de Chauny), au duc de Guise. — Fol. 9.

6. Lettre du Roi à M. de Fama. — Fol. 11.

Minute.

7. Le même, à M. de Termes (Paule de) maréchal de France, gouv. de Calais. — Fol. 12.

Minute.

8. Lettre du Roi, à M. de Mailly. — Fol. 14.

9. François de Cleves au duc de Guise. — Fol. 15.

10. Le duc de Guise à M. de Soubize. — Fol. 16.

Minute.

11. Le duc de Guise au Card. de Lorraine, son frere. — Fol. 18.

Minute. Il est question dans cette lettre d'un procès que La Renaudie, alors protégé par le duc de Guise, avoit au Parlement de Dijon. C'est ce même La Renaudie qui, deux ans plus tard, devenoit le chef de la conspiration d'Amboise.

12. Le Roy à Mess. d'Amiens. — Fol. 20.

13. Le Roy au Marquis d'Elvest, sur une demande de passeport pour l'Espagne. — Fol. 22.

Mise au net de la minute précédente, fol. 24.

14. Sept Lettres du DUC DE GUISE, au Roy, du camp de Guines, 3 fév. 1557, fr. 26; — Au Card. de Lorraine, du camp de Guines, 3 fev. 1557, fol. 28; — Au duc de Savoie, du camp de Guines, 3 fev. 1557, fol. 30; — A M. P. de Termes, du camp de Guines, 3 fev. 1857, fol. 32; — Au Roy, du camp de Guines, 4 fev. 1557, fol. 34; — A M. d'Humières, Com^{dt}. à Peronne, du camp de Guines, 4 fev. 1557, fol. 44; — Au Card. de Lorraine, du camp de Guines, 4 fev. 1557, fol. 46.

15. M. de Bouchavannes au Connestable sur les fortifications de Coucy.

16. Lettre de Fors a M. Le duc de Guise, au sujet des navires et des bleds a envoyer du Havre et de Dieppe à Calais.

« Mgr, j'ai reçue la lettre qu'il vous a plu m'escrire... »

17. Sansac et D'Estrées au duc de Guise. Lieut.-gén. du Roy. — Ils l'informent de leur arrivée à Neufchatel, sans pain ni vin et seront sous deux jours a Boullogne.

« M. de Sansac et moi sommes arrivés en ce lieu... »

18. Tranchelyon à M. le duc de Guise, datée de Guise du 29 décembre 1557.

« Mgr, le maire de vostre ville s'en va devers vous... »
C'est une des lettres dont nous donnons la reproduction.

19. MM. du Havre a ceux de Rouen. — Projet des Anglois pour surprendre la ville.

TOM. V, *vol. G.* Du 1er au 31 dec. 1557.

1. Caderousse de Cambys a M. le duc de Guise. — Il lui donne avis que le Capitaine de Chasteauthierry donnera passage aux troupes — qu'il a envoyé à *Gandatien* et autres villages des environs pour les fourages et munitions et que sous peu de jours il les rendra a Pont St Maxence (Oise).

« Mgr, attendant le retour de mon compaignon... »

2. Etat des dépenses faites pour les fortification s de Chauny.

TOM. VI, *vol. H.*, du 15 juin au 31 oct. 155; du 4 au 7 avril 1558.

TOM. VII, *vol. I*, du 6 au 29 nov. 1557. Lettre de Louis de Beuil au duc de Guise.

« Pour vous faire response à la lettre... »

TOM. VIII, *vol. L.*, du 1er au 31 dec. 1558.

TOM. IX, *vol. M*, du 1er au 28 février 1559 et du 24 sept. au 2 nov. 1558.

Il avoit été fait une table générale des matières, ce qui portoit à 10 le nombre des volumes de ce recueil. Livré à la bibliothèque du Louvre lors de sa fermation, on ignore la provenance de ce précieux recueil.

---

227. Table du recueil de 59 vol. de mazarinades faisant partie de la Bibliothèque de Secousse. 1 v. in-4. — F. 281.

228. Relation faite par M. de Fontrailles des choses particulieres de la Cour arrivées pendant la faveur de Cinq Mars, avec la mort de celui-ci et celle de M. de Thou (s. d.). 1 v. in-fol. — F. 289.

229. Lettres du cardinal Mazarin à madame de Venel, gouvernante de ses nièces. 1 vol. in-4o, rel. en maroq. rouge aux armes royales.

230. Mémoires de MM. les Plenipotentiaires envoyés en Cour le 13 janvier 1647. 1 vol. in-fol. — B. 296.

231. Mémoires de M. le duc de Rohan. 1 v. in-fol. — F. 297.

232. Journal du Cardinal de Richelieu tiré sur la minute de sa

main et pieces sur le Cardinal de Richelieu. 1 v. in-fol. — F. 300.

Voici quelques pièces de ce recueil.

1. Harangue de M. Le Cardinal de Richelieu en présence du Roy, séant en son lit de justice.

« L'histoire nous apprend, Messieurs, trois coutumes des Empereurs bien remarquables... »

2. Observations politiques et militaires sur la vie et services de Mons. le Cardinal Duc de Richelieu.

« Quelle cruauté de persécuter la vertu au lieu de la couronner... »

3. A Mesdemoiselles de Richelieu.

« Nymphes d'un nom le plus grand que la gloire
« Depuis longtemps aye commis à l'histoire... »

4. Journal de Mons. le Cardinal de Richelieu, tiré de la minute escripte de sa propre main.

233. Lettres, réponses, advis, discours et mémoires secrets envoyés de la part du Roi, de la Reyne, de S. Emin., du comte de Provence, aux Plénipotentiaires à Munster. 8 vol. in-fol. — F. 308.

234. Discours touchant la maladie du Roi Louis XIII.

Ce même volume contient :

1. Articles et propositions sur lesquels le Roy a fait deliberer par les Princes, officiers de la Couronne et seigneurs de son Conseil en l'assemblée pour ce faicte a Saint-Germain, au mois de novembre 1583. 1 v. in-fol. — F. 310.

2. Sentences et maximes de morale par La Rochefoucauld.

3. Discours de M. de la Châtre sur ce qu'on l'a destitué de la Charge de Colonel des Suisses, 1644, 1 v. in-fol.

235. Pompe funebre de Louis XI ; — Cérémonie du service de la Reine d'Espagne et du mariage de la Roine de Pologne. 1 v. in-fol. — F. 311.

---

236. Papiers de Noailles. — Collection de lettres politiques. historiques et littéraires de 1576 a 1730. 30 vol. in-fol. —F. 325.

De cette précieuse et à jamais regrettable correspondance, il ne reste plus que les lettres copiées par nous et dont nous donnons le texte dans cette livraison du *Cabinet historique* et quelques autres, sans doute copiées par divers amateurs, mais dont nous ne saurions donner l'indication. (Voy. aux Documents.) Fort heureusement aussi nous avions décidé, il y a quelques années, M. le duc de Mouchy à faire faire le dépouillement de chacun de ces trente volumes. Cet inventaire a été scrupuleusement et soigneusement copié sur celui du Louvre et fait aujourd'hui partie de la riche bibliothèque du château de Mouchy. Avec l'obligeance et la grâce qu'on lui connoît, M. le duc de Mouchy a bien voulu remettre ce travail à notre disposition, et nous espérons pouvoir obtenir l'attache du ministère de l'instruction publique pour en prochainement publier le contenu. Sous le titre d'*Inventaire des Papiers de Noailles*, il compléteroit le présent catalogue des manuscrits de la bibliothèque du Louvre.

---

237. Papiers de VOYER D'ARGENSON.

TOM. I. Collection de pièces et lettres politiques, historiques et littéraires de 1630 a 1757 ou Papiers de M. V. D'ARGENSON). 55 vol. in-fol. et in-4. — F. 325 [1].

Voici le sommaire de chacun des volumes de cette importante et regrettable réunion de documents.

TOM. II. VOYER D'ARGENSON. Commission de Procureur général près la Chambre de l'Arsenal (faux monnoyeurs). Lettres du Roy Louis XIII à ce sujet. Dossiers, procédures, documents divers.

T. M. III. VOYER D'ARGENSON. Intendance du Dauphiné et des armées d'Italie de 1630 a 1632. Lettres du Roi, commissions, mémoires, marches de troupes, comptes de blés, traités, minutes de Lettres.

TOM. IV. VOYER D'ARGENSON. Intendance d'Auvergne (1632-1634) Intendance de la Grande armée de Picardie (1636). Instructions et commissions pour le departement des tailles.

TOM. V. VOYER D'ARGENSON. Intendance de l'armée d'Italie (1637-1640). Introduction historique. Extrait mém. Monglat. Cartes et Pieces historiques. Négociations et campagnes en Italie. Documents historiques. Lettres de M. de Crequy.

TOM. VI. VOYER D'ARGENSON. Intendance de Catalogne (n° 1), 1640-1643. Introduction historique. Relations de batailles et combats entre l'armée francoise et l'armée espagnole. Instructions et lettres du Roi et de la Roine de France. Lettre de la Roine concernant la mort de son mari (1643).

TOM. VII. VOYER D'ARGENSON. Intendance de Catalogne (n° 2). Memoires touchant les droits du Roi sur la Catalogne. Gouvernement. Revenus. Affaires publiques. Documents en langue espagnole.

TOM. VIII. VOYER D'ARGENSON. Intendance de Catalogne (n° 3). Mémoires sur l'Intendance. Procédures. Etat des opérations militaires. Budget de l'armée.

TOM. IX. VOYER D'ARGENSON. Intendance de la Catalogne (n° 4). Appointements. Gratifications de l'Intendance. Minutes de Lettres.

TOM. X. VOYER D'ARGENSON. Intendance de Catalogne (n° 5). Lettres reçues en 1641. Maréchal de Schonberg. Maréchal de la Motte. Cardinaux Richelieu et Mazarin. M. de Brezé, etc.

TOM. XI. VOYER D'ARGENSON. Intendance de Catalogne (n° 6). Correspondance durant les premiers six mois de l'année 1642. Marechal de la Motte Houdancourt. M. le Vice-roi de Brezé. M. de Chavigny et autres.

TOM. XII. VOYER D'ARGENSON. Intendance de Catalogne (n° 7) Correspondance, dernière moitié de l'année 1642. Maréchal de la Motte. Maréchal de la Meilleraie. Mis. de Fontenoy. De Dorcé Maréchal de Schomberg et du Prince Monaco. M. de Narbonne et autres.

TOM. XIII. VOYER D'ARGENSON. Intendance de Catalogne (n° 8). Correspondance pendant l'année 1643. M. le Card. Mazarin. M. Le Tellier. M. le Prince et autres.
Nouvelles politiques.

TOM. XIV. VOYER D'ARGENSON. Intendance de Poitiers, 1644-1646. Correspondance. Lettres du Roi, de M. Seguier, de M. de la Vrillière et autres.

TOM. XV. VOYER D'ARGENSON. Surintendance des armées de terre et de mer en Italie, pour l'expédition d'Orbitelle. Introduction historique. Mort du duc de Brezé, amiral de France. Mémoires projets de Campagne. Minutes de lettres de Mazarin, du Prince Thomas, de M. Le Tellier, de l'archeveque d'Aix et autres.

TOM. XVI. VOYER D'ARGENSON. Commission aux Etats du Languedoc (1647). Lettres du Roi et de la Roine, du Card. Bar, du Card. Mazarin, du Chancelier Seguier et autres.

TOM. XVII. VOYER D'ARGENSON. Commission en Guienne pour la pacification des troubles (1649). Introduction et memoires historiques. Relation des troubles de Bordeaux. Notes. Instructions Etats. Pièces imprimées touchant ces affaires. Lettres de M. le Card. Mazarin, de M. de Cadillac, du duc d'Epernon de Lionne, Seguier et autres.

TOM. XVIII. VOYER D'ARGENSON. Diverses commissions du Conseil de 1625 à 1647. Procès La Vieuville. Droits du Roi sur la Ferté. — Procès du Maréchal de Marillac. Forets du Roy en Normandie. Affaires de M. de Guise.
Lettres.

TOM. XIX. VOYER D'ARGENSON. Traité de la Sagesse Chrétienne, trad. en espagnol et en italien, par le comte le Voyer d'Argenson.

TOM. XX ET XXI. VOYER D'ARGENSON. Ouvrages de piété. Méditations. Extraits de sermons. Petit traité de la Communion, trad. de l'italien par Mme Marguerite Houlier, comtesse d'*Argenson*.

TOM. XXII. VOYER D'ARGENSON, t. 1. Explication du Livre de Job. La Bonne servante, ou Vie de Barbe de Compienon, par le comte d'Argenson fils.

TOM, XXIII. VOYER D'ARGENSON, (t. 2). Retraites spirituelles.

TOM. XXIV. VOYER D'ARGENSON, (t. 5). Litanies. Exercices d'oraison. Tableaux des mystères. Traité de la manière de louer Dieu, trad. d'Albert le grand. Plan de conduite d'un Eveque.

Fidele servante des Pauvres : Vie de Mlle Catherine d'Aresso. Plusieurs mémoires touchant l'établissement des hopitaux. Sociétés et confréries. Statuts des filles de la Ste Vierge. Confrérie de St Isodon. Le bon la oureur. Assemblée des bonnes œuvres. Communauté des Tailleurs et Cordonniers.

TOM. XXV. VOYER D'ARGENSON, (t. 6). Le poeme du Sauveur, par le comte d'Argenson fils.

TOM. XXVI. VOYER D'ARGENSON, t. 26 (t. IX). L'art d'aimer Dieu. Exercices de St Ignace, mis en vers par le comte d'Argenson fils.

TOM. XXVII. VOYER D'ARGENSON, (t. 10). Divers petits poemes. Le Créateur. La fête du Pere éternel. Paraphrase de Psaumes de David. Poesies melées, par le Comte d'Argenson fils.

TOM. XXVIII. VOYER D'ARGENSON, (t. 12). Diverses matières.

TOM. XXIX. VOYER D'ARGENSON. Intendance de Saintonge, 1645-1646. Commissions et lettres du Roi. Lettres de MM. les Ministres. Documens divers. (Par le comte *René Voyer d'Argenson.*).

TOM. XXX. VOYER D'ARGENSON. Memoires et pièces fugitives concernant le Gouvernement de Venise, 1652 (*par le Comte René d'Argenson*).

TOM. XXXI. VOYER D'ARGENSON. Extrait des origines des maisons vénitiennes, mémoires et blazons relatifs à la noblesse de Venise et autres endroits voisins de cet Etat.

TOM. XXXII. VOYER D'ARGENSON. Gouvernement de la Nouvelle-France. Charge de Bailly de Touraine. Ouvrages. Lettres et correspondance de l'an 1664 à l'an 1710. Pièces sur le Canada (par *Pierre de Voyer d'Argenson*).

TOM. XXXIII, XXXIV ET XXXV. VOYER D'ARGENSON. Observations sur les Décrétales. Reglements pour des couvents de femmes. Conférences (par *Jacques de Voyer d'Argenson*, ecclésiastique).

TOME XXXVI. VOYER D'ARGENSON. Portugal. Instructions sur le Commerce maritime, la Navigation et les Colonies, par le s. d'Argenson. Lettres de M. le Card. de Fleury, de l'ambassade de Portugal et autres (par *René de Voyer d'Argenson*).

TOM. XXXVII. VOYER D'ARGENSON. Journal de M. Voyer pendant son ambassade en Portugal. Remarques et Recherches sur le Portugal. Documents curieux sur le commerce, la navigation, la politique, etc. (par *René H. de Voyer d'Argenson*).

TOM. XXXVIII ET XXXIX. VOYER D'ARGENSON. Négociations de la France avec le Portugal, tiré des ms. du ministère des affaires étrangères au Louvre. Renseignements *importants* (par *René H. de Voyer d'Argenson*).

TOM. XL ET XLI. VOYER D'ARGENSON. Mémoires pour servir d'instructions aux ministres de France, dans les principales Cours de l'Europe. Mémoires relatifs à la Suède, au Danemarck, à la Russie, l'Angleterre, à l'Autriche, à la Turquie, la Suisse, l'Allemagne, etc. (par *René H. de Voyer d'Argenson*). — F. 325[1].

TOME XLII. VOYER D'ARGENSON. Des Interets de l'Imperatrice, Reine et des Rois de France et d'Espagne. Memoire imprimé et très-rare. Reponse manuscrite de M. L. de Voyer d'Argenson.

TOM. XLIII A XLV. VOYER D'ARGENSON. Mémoires d'Etat. Affaires traitées avec le Card. de Fleury et le Garde des sceaux Chauvelin, spécialement au sujet des mouvements parlementaires. Considérations politiques d'un haut interet. — 2e *partie* Mémoires. Affaires traitées avec les memes sur les affaires etrangeres. Journal de M. de Voyer pendant son ambassade a Naples.

Voir les mémoires publiés en 1825, par M. René d'Agenson. Collect. Baudoin. — 1 vol. in-8°.

TOME XLVI A XLIII. VOYER D'ARGENSON. Memoires pour servir à l'histoire de mon temps, de 1697 a 1754 (chaque vol. renferme une table des matières), *par le marquis d'Argenson*.

TOM. LIV. VOYER D'ARGENSON (t. 1). Pensées diverses sur la Reformation de l'Etat de France (du n° 1 au n° 610) (*par le marquis d'Argenson*).

TOM. LV. VOYER D'ARGENSON, (t. 2). Pensées diverses sur la réformation des Etats de la France. Remarques de l'auteur en lisant (*par le marquis d'Argenson*).

TOME XLI. VOYER D'ARGENSON Pensées du marquis d'Argenson depuis sa sortie du ministère, en 1747.

TOM. LVIII. VOYER D'ARGENSON. Matériaux de mémoires sur la vie du marquis d'Argenson (7 cahiers). Memoires relatifs a son ministère, depuis 1744 jusqu'en 1747. Observations sur les Gouvernements d'Europe.

TOM. LVIII. VOYER D'ARGENSON. Observations relatives à l'état des diverses personnes de l'Europe (*par le marquis d'Argenson*).

TOM. LIX. VOYER D'ARGENSON. Affaires étrangères. Memoires et observations sur l'Etat de l'Europe pendant les années 1744, 1745, 1746 et 1747, (*par le marquis d'Argenson*).

TOM. LX. VOYER D'ARGENSON. Recueils de quelques mémoires de M. d'Argenson, imprimés dans le *Journal économique*, copies des articles auxquels repondoit le marquis.

TOM. LXI. VOYER D'ARGENSON (*dernier volume du recueil*). De la démocratie dans le Gouvernement monarchique (ouvrage qui a été imprimé), *par le marquis d'Argenson.*

Voir aux Documents la lettre de M. le marquis d'Argenson.

238. Lettres et ordres du Roi Louis XIV aux s[rs] Dumin et Vauvie, commandans du Port de Rochefort, dans l'année 1681. — F. 329.

239. Memoires contenant ce qui s'est passé de plus considérable en France sous le regne de Louis XIV, depuis la mort du Cardinal Mazarin jusqu'à celle du Roi. 4 vol. in-fol. rel. veau f. — F. 331.

Ces mémoires paroissent être de M. de Saint-Hilaire. Ils ont été imprimés en 1768. — 4 vol. in-12.

241. Lettres écrites en 1699 a MM. de Ponchartrain, Barbezieux et Chamillart, 1699. 1 vol. in-fol. — F. 347.

242. Lettres ecrites a Mons. le Marquis de Barbezieux, ministre et secretaire d'Estat, par M. Barentin, Conseiller du Roy en ses conseils, maistre des requestes ordinaires de son hotel, Intendant de Justice, Police et finances au départemont de Flandre du costé de la mer. an. 1699-1700. 2 vol. in-fol. — F. 348.

Toutes ces lettres sont datées de Dunkerque.

243. Etats des chefs du Procès de Philippes Baiyon et d'Antoine Joseph Gaujon de la Martinière. 1706. 3 v. in-fol. — F. 365.

244. Récueil des devis des batimens du Roi, 1684. Devis des ouvrages de massôneries du chateau de Chambord (1re part.). — F. 367[4].

Manuscrit et imprimé.

245. Procès de Jean Pierre de Bar, vers 1700. 4 vol. in-fol. — F. 387.

246. Procès de Pierre Baillet, président en la Cour des comptes.

247. Mémoires ou extraits des Généraux pendant les campagnes de 1757, 1758, 1759, 1761, 1762. 6 v. in-fol. — F. 404.

Ces Mémoires paroissent avoir été rédigés pour faire suite à ceux de Noailles, publiés par l'abbé Millot.

248. Les Philipiques, avec des notes historiques, critiques et littéraires. La Chronique scandaleuse ou Paris ridicule, par C. Le Petit, avec des notes. Cologne, 1688 (par La Grange Chancel). — La Rome ridicule, caprice (par St-Amand). — F. 408.

249. Medailles sur la Régence, avec les tableaux symboliques

du s. de Bourvalais, à Rispa par MAHUDEL. — Chez s. Le Muscat, 1716. — F. 408.

250. Plusieurs devis et memoires des ouvrages et réparations a faire au chateau de Blois pendant les années 1711. — F. 443.

251. Regne administratif de Louis XVI, du 10 mai 1774 au 5 mai 1789. 1 v. in-fol. — F. 459.

252. Memoires sur la prise de la Bastille, sur les journées des 5 et 6 octobre etc. (par *Mar. Nic. Silv.* GUILLON). — F. 463[1].

253. Extrait des registres de délibérations du conseil du Temple, daté du 23 oct., l'an Ier de la Rép. (1792). 1 feuille in-fol. (avec signat. autogr.). — F. 470[1].

254. Etat des dépenses faites au Temple, depuis le 13 aout jusqu'au 10 nov. de l'an Ier de la République Françoise, avec l'apperçu de celles qui pourroient etre à faire par la suite : — présenté à la Convention nationale d'après son décret du 4 octobre, par Verdier, nommé par le Conseil général du 10 aout, pour la verification des comptes de cette maison. 12 p. in-fol. — F. 470[1].

Manuscrit autogr.

255. Notice (par Verdier) sur les comptes du Temple, donnée à la municipalité de Paris du 2 déc. 1792, de la municipalité du 10 août, et nommé par elle pour vérifier et calculer les comptes des Employés et fournisseurs au Temple, pour Louis Capet et sa famille. 8 p. in-fol. — F. 470[1].

Autogr.

256. Adresse à la Convention nationale présentée par VERDIER, commissaire du Conseil général, du 10 août, sur les Comptes du Temple, 4 janvier 1793. 8 p. in-fol. — F. 470[1].

Manuscrit autogr. — Ces quatre derniers documents, cotés sous le même chiffre 470[1], ont été fort heureusement connus de M. de Beauchêne, qui les a presque intégralement insérés dans les pièces justificatives de son *Histoire de Louis XVII*.

Ils avoient été réunis en un seul volume relié par Capé, dos de maroq. bleu.

257. Apologie du Gouvernement républicain, ou examen de cette

question : La République françoise est-elle constituée de manière que la guerre lui soit absolument nécessaire; dédié au premier Consul, par VILLERET, curé d'Ecueillé. 1 vol. in-4°. — F. 512.

258. Dictionnaire des Emigrés. 2 vol. in-fol. — F. 533.

259. Bonaparte jugé par lui-même, par Emile Du Pré de Saint-Maure. 1 vol. in-4°. — F. 589[1].

260. Budget de la maison de l'Empereur pour 1814. 1 vol. in-fol. — F. 612[2].

261. An adress to Charles the tenth from the in habitants of the Comty of Buckingham, 1825. — F. 708[1].

Parchemin, avec signatures autographes. Très-gr. feuille in-fol.

262. Considérations religieuses sur la Révolution de 1830, par Mar. Nic. Sylv. GUILLON. 1 vol. in-4°. — F. 718.

263. Relation de la cérémonie funèbre qui a eu lieu à St-Pétersbourg en l'honneur et mémoire de S. M. Très-Chrét. Louis XVIII. St-Pétersbourg, 1824. Par Aug. de MONTFERRAND. 1 vol. in-fol. rel. maroq. rouge. — F. 709.

264. Cérémonial de la Cour de France pour MM. les Ambassadeurs et ministres étrangers, 1818, par M. DARGAINARATZ. 1 vol in-4°. — F. 720[1].

265. Département des Cérémonies. — Comptabilité. Année 1806. — F. 722[2].

Cet article et le précédent furent transportés aux Tuileries, sous la Commune, dans les bureaux de la liquidation de la liste civile place du Carrousel où ils sont devenus pareillement la proie des flammes. C'est également dans cette partie du palais qu'ont été entièrement brulés dans la même nuit, les bibliothèques particulières de l'Empereur, de l'Impératrice et du prince impérial. Ces bibliothèques renfermoient de précieux ouvrages, et divers manuscrits, dessins originaux, albums et portefeuiles

266. Archives du grand maître des cérémonies, correspondances et procès-verbaux des cérémonies et audiences diplomatiques depuis 1805 jusqu'en 1813. 14 vol. in-4°. — F. 723 *bis*.

Sur la proposition de M. Louis Barbier, ces 14 volumes ayant fait partie de la bibliothèque de M. le comte de Ségur, grand maître des cérémonies sous Napoléon Ier, avaient été acquis sous Louis-Philippe pour la bibliothèque du Louvre.

267. Chronique en vers et en prose de St-Denis et de l'Abbaye; manuscrit du XIVe s. 1 vol. in-4° sur vélin. — F. 724.

268. Cérémonies du Sacre et Couronnement des Rois de France. Ms. du XIVe siècle. sur vélin, avec miniatures en or et en couleur. 1 vol. in-4°. — F. 724[1].

269. Les Cérémonies du sacre de Louis XIV. 1 vol. in-fol. — F. 725[1].

270. Le sacre de Sa Majesté l'Empereur Napoléon, dans l'église métropolitaine de Paris, le 11 frimaire an XIII (dimanche 2 décembre 1804). Le texte par AIGNAN (avec les dessins originaux des tableaux et des costumes par MM. ISABEY, PERCIER, FONTAINE et autres). 1 vol. gr. in-fol. maroq. rouge, aux armes. — F. 736.

Ce précieux volume est fort heureusement aujourd'hui au Musée des Souverains.

271. Formulaire d'actes des secrétaires d'Etat. — F. 743[1].

272. Recueil de plusieurs reglemens faits en divers temps et par divers rois pour établir un bon ordre en leur maison, affaires de leur état, etc. 1 vol. in-fol. — F. 743[1].

273. Mémoires et observations historiques sur l'origine et définition des offices de la Couronne, des grandes charges de la maison du Roi, ensemble des titres particulièrement affectés à ces dignités comme de l'origine des Parlements et autres cours, etc , le tout principalement recueilli par de FURETIÈRE, du TILLET, LOISEAU et autres, par ordre alphabeth. 1 vol. pet. in-fol. — F. 743[2].

274. Recherches sur l'administration générale de l'argenterie, menus-plaisirs et affaires de la chambre du Roi en l'année 1771, par PAPILLON DE LA FERTÉ. 1 vol. in-4° maroq. rouge, aux armes royales. — F. 744[1].

Papillon de la Ferté (Denis-Pierre-Jean), né à Châlons-sur-Marne, en 1727, devint intendant des menus-plaisirs du roi, membre de plusieurs sociétés savantes. — Incarcéré comme suspect au Luxembourg, il fut compris dans la prétendue *conspiration des prisons*, et, comme tel, condamné à mort et exécuté le 9 messidor an II (7 juillet

1794). Outre les différents manuscrits inédits que possédoit de lui la bibliothèque du Louvre, Papillon de la Ferté a publié, sous le nom d'Argenville, un ouvrage connu de tous les curieux : *Vie des Peintres français*, 3 vol. in-8; — *Eléments de Géographie*, 1783; *Système de Copernic*, 1783. in-8: — *Leçons élémentaires de mathématiques*, 1785. 2 vol., etc.

275. Histoire de toutes les grandes et petites charges de la maison du Roi, contenant leur origine, leur progrès et les divers changemens qui y sont arrivés, par rapport aux fonctions du secrétaire d'Etat qui en a le département. 1 vol. pet. in-fol. — F. 744².

276. Etat des personnes qui doivent et ont droit de manger aux tables du Roi, durant l'année 1690. 1 vol. in-fol.— F. 744ª.

277. Controle général de l'argenterie du Roi, tenu par M. Philippe Lefebure, intendant et controleur de ladite argenterie et des menus plaisirs et affaires de la chambre de S. M., par M. P. Soubeyran, tresorier général d'icelle pendant l'année 1696. — F. 744 *aa bis*.

278. Histoire des Maistres des requetes, depuis 1575 jusqu'en 1722, avec armorial colorié. — F. 758.

Acquisition faite à la vente du comte Morel de Vindé, ainsi que les quatre articles suivants.

279. Mémoires sur les vies, mœurs, les bonnes et mauvaises qualités des membres du Parlement de Paris et Maistres des requetes. 1 vol. in-fol.. avec armorial colorié. — F. 759.

Ce travail, dont il existoit plusieurs copies dans diverses bibliothèques, a été publié par M. Duleau, dans la *Revue nobiliaire* de M. Dumoulin, avec de curieuses notes héraldiques de l'éditeur.

280. Mémoire généalogique sur et contenant les véritables origines de Messieurs du Parlement de Paris, par CH. RENÉ D'HOZIER. 1 vol. in-fol., avec armorial colorié. — F. 760.

281. Histoire généalogique du Parlement de Paris depuis 1630 jusqu'en l'année 1680. 2 vol. in-fol., avec armorial colorié. — F. 761.

282. Les noms, surnoms, armes et blazons, dates des réceptions,

de MM. les Premiers Présidents, Présidents, Conseillers, Gens du Roy, Greffiers en chef, etc., de la Cour des monnoies de Paris, depuis 1641 jusqu'en 1771. 1 vol. in-fol., avec armorial colorié. — F. 762.

283. Etat des quatre compagnies des Gardes du Corps du Roi. 1 vol. in-4°. — F. 775[1].

284. Création des quatre compagnies des Gardes du Corps du Roi. *Mittau* 1798. 1 vol. in-4°. — F. 775[2].

Dans le même volume : Ordonnance et règlement contenant les quatre compagnies, de 1788 à 1796.

285. Tableau de la situation et Etat de service de la Garde royale, au 1er janvier 1817, arrêté et signé par le duc de Bellune. 1 vol. pet. in-fol. — F. 776.

286. Promenades du Roi Louis XVIII partant de Paris. 1 vol. in-4°. — F. 796.

287. Etat général des batimens du Roi, an 1775. 1 v. in-12. — F. 831[1].

288. Paris, — Saint-Cloud et dépendances; par Fontaine. Ms. et dessins. 1 v. gr. in-fol. maroq. rouge. — F. 831[3].

289. Antiquité de Saint-Germain-en Laye, 1711-1731, par Pierre Gueroult, avec 15 dessins originaux, plans et vues de St-Germain. 1 vol. in-fol. — F. 843[2].

290. Titres et pièces concernant le château, la ville et le domaine royal de Fontainebleau, de 1371 à 1678. — F. 857[4].

20 pièces sur parchemin. — Acquisition Joursanvaux.

291. Mémoires concernant la Province de Champagne, par Larcher. 1 v. in-fol. — F. 889[1].

292. Lettre à M. Fréron, contenant quelques observations sur le Havre, par l'abbé Gros de Besplan. 1 v. in-12. — F. 914.

293. Relation de l'arrivée du Roy au Havre de Grace 1753. 1 v. in-fol. — F. 915.

294. Mémoires concernant le Duché de Bourgogne. Ms. du 18e siècle. — 2 v. in-4. — F. 961.

295. Mémoire militaire et historique sur le Languedoc et particulièrement sur les places-fortes et autres ouvrages qui composent la direction des fortifications de cette province: par MARESCHAL. 2 v. in-fol. avec dessins. — F. 1010².

Précédé d'une lettre à l'auteur, par le chevalier Du Muy, lieutenant général et depuis ministre de la guerre et maréchal de France. — Du 20 octobre 1768.

296. Inventaires des titres et papiers des duchés de Lorraine et Bar, par Honoré Caillé, sr du Fourny. 27 vol. in-fol. — F. 1058.

Exemplaire de la bibliothèque du parlement de Paris. La reliure de chaque volume portoit au dos les lettres PP.

297. Histoire ecclésiastique et civile de la ville et du diocèse de Metz, par le P. Benoit de Toul, 1718. 2 volumes in-fol. — F. 1065.

298. Description figurative du celebre monument des Secondins existant dans le village d'Igel, département des Forets. In-fol. — F. 1067².

299. Mémoires, Instructions et harangues concernant les Suisses et Grisons, et traités entre la Savoie, Berne et Geneve, depuis 1516 jusqu'en 1634. 1 v. in-fol. — E. 1075.

300. Coup d'œil historique sur la politique extérieure de la Grande-Bretagne, pour l'année 1810. Londres, 1810 (par GOULD FRANCIS LECKIE). 1 vol. pet. in-fol. — F. 1245¹.

Traduction faite au cabinet du baron Mounier, par ordre de Napoléon Ier.

301. Examen comparatif de l'état de la Grande-Bretagne et de la France en 1811, précédé d'observations sur l'esprit et les mesures des administrations depuis la mort de Pitt. Londres, 1811. 1 v. in-4°. — F. 1246¹.

Traduit par ordre et pour l'usage de l'empereur.

302. Essai sur la politique et les institutions militaires de la Grande-Bretagne, par WILLIAM PASLEY. Londres, 1811. 2 vol. pet. in-fol. — F. 1260².

Traduit par ordre et pour l'usage de l'Empereur.

303. Recueil contenant les traductions de l'ambassade de Mehemet Effendi en France, de celle de d'Ourzy Efendi en Perse, et de la lettre de recréance du Grand Visir. 1 vol. in-fol. Mss. Riche reliure en mar. roug. — F. 1465.

304. Controle des depenses et paiemens de la maison du duc de Bedfort, regent d'Angleterre, fait par Th. Starlet, controleur de ladite maison, dans la 1re année de son regne, a partir du 1er oct. 1427, jusqu'au 30 sept. 1428. Mss. sur peau velin. 1 vol. in-fol. — F. 1286.

Manuscrit très-regrettable et du temps, sur peau vélin, reliure de Simier en maroq. grenat.

305. Précis historique de la guerre dont les principaux evenemens sont représentés dans les 16 estampes gravées à Paris, pour l'Empereur de la Chine, sur les dessins que ce prince en a fait faire à Pekin et qu'il a envoyés en France en 1786. 1 vol. in-fol, riche reliure aux armes. — F. 1514².

Collection de gravures dont le texte in-4° est manuscrit, rel. en mar. rouge.

306. Mémoire sur la colonisation de l'Ile de Formosa, par Maltebrun. 1 vol. in-8°, mss. — F. 1521.

Autographe : offert à Napoléon Ier.

307. S'ensuivent les lignées des Rois de France et comment les génerations sont descendues l'une de l'autre et comment elles sont faillies, etc. En quel temps la cité de Lutèce fut commencée et comment elle fut nommée Paris. — F. 1643.

Manuscrit très-curieux sur vélin du xve siècle, formant un rouleau de 16 pouces de large sur 15 pieds 2 pouces de long.

308. Nobiliaire du Limousin, contenant les généalogies des Gentilshommes limousins, qui ont passé devant M. Daguesseau dans les années 1666 et 1669. 1 vol. in-fol. — F. 1653.

309. Armorial et nobiliaire de Champagne fait sur la recherche de la noblesse de cette province par de Caumartin. 2 vol. gr. in-fol. Blasons coloriés. — F. 1655.

Cet exemplaire, des Recherches de Caumartin, étoit d'une remarquable exécution. Il provenoit de la vente des livres de M. Morel de Vindé, ainsi que l'article précédent.

310. Généalogie de la famille des Pitois, originaire de Bourgogne, faite et dressée par Palliot, sur titres et sur bonnes preuves, 1618. 1 vol. in-4°. — F. 1656[1].

311. Armoiries de plusieurs familles du Berry et particulièrement de Bourges. 1 vol. in-4°. — F. 1656[3].

Non terminé.

312. Nobiliaire de Provence, par Robert de Briançon, avec la critique par Barcilon de Mouvans. 2 vol. in-fol. — F. 1659.

Avec armoiries coloriées provenant de la vente de M. Morel de Vindé.

313. Livre contenant les noms, armes et qualités des nobles de Bretagne qui se sont présentés devant les commissaires etablis par le Roy à ce sujet, ouverte le 26 jour de sept. 1667 et finie le 24 mars 1671. 4 vol. gr. in-fol. — F. 1663.

Ces quatre volumes, de la Recherche de Bretagne, parfaitement exécutés, avec les blasons coloriés, étoient ainsi divisés :

1er vol. — A. B. C.
2e vol. — D. E. F. G. H. J.
3e vol. — K. L. M. N. O. P.
4e vol. — Q. R. S. T. U. V. X. Y. Z.

Provenoient de la vente de M. Morel de Vindé.

314. Description et relation de tout ce qui a été fait et de ce qui s'est passé à l'occasion du mariage de Louis-Stanislas-Xavier de France, comte de Provence, avec Marie-Joséphine-Louise, princesse de Savoie, par Papillon de la Ferté. 1 vol. in-4°. rel. mar. rouge. — F. 1858[2].

315. Conjuration contre la Sorbonne. — Notes sur la Sorbonne. Par M. N. S. Guillon. 1 v. in-8°. — F. 1930.

316. Anecdotes théologiques, 1774. — Anecdotes historiques, 1774, par Hemey d'Auberive. 1 vol. in-4°. — F. 1975[1].

217. Les Œuvres de Rabelais, édition de 1711.

Cet imprimé interfolié, contenoit un Commentaire des quatre premiers livres, par l'abbé Morellet. La perte de cet ouvrage est infiniment regrettable.

318. Notes et remarques de l'abbé Lenglet du Fresnoy sur le livre de Rabelais. 1 vol. petit in-4° assez fort.

Nous n'avons pas la cote de ces deux numéros, relatifs à Rabelais, que nous ne connoissons que par une note officieuse de M. Burgaud Desmarests qui en avait enrichi la bibliothèque du Louvre.

319. Journal historique et littéraire, depuis le 1er sept. 1748. jusques et y compris l'année 1772, par Collé. 9 vol. maroq. rouge gr. in-8°. — F. 2106[1].

Manquent 1771 et 1773. Manuscr. et imprimés, curieux à parcourir. — Le Journal de Collé qui avoit fait partie de la bibliothèque de M. A. A. Barbier, a été publié par lui en 1807, 3 vol. in-8. — M. Honoré Bonhomme a donné une nouvelle édition de cet ouvrage en 1868, chez Firmin Didot; on trouve dans cette réimpression certains passages plus que libres que le premier éditeur n'avoit pas cru devoir faire paroître en 1807, et qui étoient restés ensevelis dans l'autographe de Collé.

320. Lettres dédicaces et hommages adressés au premier consul, à Napoléon Ier, aux rois Louis XVIII, Charles X, Louis-Philippe et Napoléon III. 1 vol. in-fol. — F. 2158[1].

321. Catalogue des livres du cabinet de M. de Cangé. Paris, 1733. 1 vol. in-12. — F. 2209.

322. Catalogue des livres composant la Bibliothèque de l'abbé Hemey d'Auberive. 1 vol. in-4°. — F. 2211[2].

323. A. Mickiewicz Manuscrit du grand poète polonais : — d'un haut intérêt pour les admirateurs de son génie.

Le Poete, nous écrit M. Burgaud Desmarest, a laissé inachevée une œuvre intitulée : *Ses Dyiady*. Ce qui est bizarre, c'est que le 2e, le 3e et le 4e Chants étoient publiés et le premier point. — Dans le manuscrit brulé, Mickiéwicz donnoit précisément le plan de son poème. On nous assure, et noussommes heureux de le consigner ici, que M. Mickiéwiez fils a pu prendre copie à la bibliothèque du Louvre de ce qui s'y trouvoit du manuscrit de son père.

324. Edifices de Rome antique et moderne dessinés par Clémence (Jos.) et décrits par Ch. L. Landon, 1825. 2 vol. in-4°. — F. 2336[2] *bis*.

325. Liste des pièces acquises par la Bibliothèque du Louvre à la vente des Archives de Joursanvaux. 1 vol. in-fol. — F. 2351[3].

C'est le Catalogue sommaire des acquisitions citées plus haut.

326. Table des Manuscrits de M. de Brienne. 2 vol. in-fol. — F. 2358 *bis*.

327. Victoires, conquêtes, désastres, revers et guerres civiles des François, de 1792 à 1815. — Paris, Panckoucke, 1816 à 1825. 29 vol. in-8°.

Exemplaire unique, sur peau vélin, avec dessins originaux et lettres autographes d'un grand nombre de généraux. Acheté à l'éditeur Panckoucke, par le roi Charles X, la somme de 59,000 francs.

328. Galerie de Florence. Tableaux, statues, bas-reliefs et camées de la galerie de Florence et du palais Pitti. 10 vol. in-fol.

Ce magnifique ouvrage, enrichi des dessins originaux de Wicar, avoit été acquis sous la Restauration, au prix de 25.000 francs.

329. Recueil de Portraits des Rois de France depuis Pharamond jusqu'à Louis XV. 4 vol. in-4°. — F. 2383.

Ce recueil (imprimé et manuscrit), accompagné d'explications, a été formé par le comte de Caylus, qui lui a donné le titre d'*Almanach Dauphin*. — Il y a en outre fait entrer une grande quantité d'autres personnages célèbres.

330. Table alphabétique des portraits et notices contenus dans les deux volumes de la collection faite par le s^r Le Roy, secrétaire de MONSIEUR, Gaston, frère du Roi Louis XIII, et dans la collection faite par M. de Caylus. 1 vol. in-4°. — F. 2383[1].

331. MANUSCRITS COLLETET. Ils se composoient de :

1. Histoire générale et particulière des Poetes anciens et modernes contenant leurs vies suivant l'ordre chronologique, le jugement de leurs écrits imprimés, et quelques particularités des cours, des Rois et des Reines, des Princes et des Princesses sous le règne desquels ils ont fleuri, et qui ont eux-mêmes cultivé la poésie avec quelques autres recherches curieuses qui peuvent servir à l'histoire, par Guillaume Colletet, de l'Académie Française. 5 vol. in-8°, richement reliés en maroq. vert, au chiffre du Roi Louis-Philippe, par Capé. — F. 2,398[1].

C'etoit l'autographe. La Bibliothèque du Louvre possédoit en outre une copie du même ouvrage, disposé pour l'impression, — Nous la citons plus loin.

2. *Mss. Colletet*, t. II. Mémoires des choses arrivées de notre temps et autres galanteries, recueillies pour servir à l'histoire et pour en garder le souvenir dans le cabinet de 1649 et 1668. 1 vol. pet. in-4°, reliure de Capé au chiffre L. P. — F. 2398[2].

3. *Mss. Colletet*, t. III. Témoignages des auteurs touchant Guillaume Colletet, recueillis par son fils F. Colletet.—L'Enéide travestie, liv. V. — Mélanges en vers et en prose. — Recueil de Proverbes et extraits divers. 1 vol. in-4°. — F. 2398².

4. *Mss. Colletet*, t. IV. Le Conducteur des étrangers à Paris et dans les environs. Recueil de poesies. — F. 2398².

5. Mss. de *G. et F. Colletet*, t. IV. Plan d'une piece de théatre par G. Colletet. Pieces de Fr. Colletet, savoir : la Chasse des Hollandois. — Pièce sans titre. — Prologue, Epilogue et scene du martyre de sainte Julienne. Athenatus converti. — Prologue pour la tragi-comédie du Triomphe de Clovis. — Les Illustres malheureux ou l'Espérance perdue. — L'Orgueil humilié, ou le Triomphe des fideles passions. — Les bienfaits reconnus, dilude comique pour les jours gras 1663. — Programme d'une tragédie S. Pierre-aux-liens.— Prologue.—Damon Lycidas. — La Révolte de Jupiter contre Saturne, trag. coméd. — Le triomphe de l'Assomption de la Vierge. — Dilude pour la distribution des Prix, 1668. — Distrib. des Prix aux élèves de Colletet. 1 vol. in-4°. — F. 2398².

6. Manuscrit de *Guill. et Franç.* Colletet, comprenant divers ouvrages en prose et en vers. Savoir : 1. Mémoires en latin pour l'histoire des hommes savants et illustres. La vie des grands hommes qui ont diversement excellé en ce royaume de Louis XII à Henri IV.— Extrait du Champfleury, de G. Tory. —Memoires pour L. de Revol. —Extrait d'une lettre de P. Delamarre de Dijon, au P. Jacob. — 2. Lettres de N. Vignier à M. de Ste Marthe. — Lettre de Colletet à l'abbé de Cérisy. — Lettre de Boisrobert. — Extraits de divers auteurs grecs, latins et françois. — Remarques tirées du Commentaire sur les sonnets. — Catalogus Bibliothecae F. Colleteti. — Notes sur diverses Bibliotheques, etc. 1 vol. pet. in-4°. — F. 2398².

7. Pièces relatives à l'édition projetée, en 1730, de la Vie des Poetes françois de Colletet. 1 vol. in fol. — F. 2398 *bis*.

8. Copie de l'Histoire generale et particuliere des Poetes an-

ciens et modernes, par ordre alphabétique. 6 vol. in-4°. — F. 2398[1].

C'étoit la copie disposée pour l'impression projettée dès l'année 1730, du principal ouvrage de Colletet. — On l'a vu, le manuscrit autographe en 5 volumes étoit disposé par ordre chronologique. — La copie composée des 6 vol. affectoit la forme d'un dictionnaire biographique et étoit disposé par ordre alphabétique. C'est sur cette copie que nous avons relevée volume par volume la liste de celles des *Vies des Poètes* dont nous avions pris note pour nos propres études, ou pour répondre aux demandes de nos correspondants. — Moréri et le P. Lelong ditsent que le recueil de Colletet se composoit de 130 biographies. Nous en indiquons ici 182, que nous avons reconnues et souvent analysées.

Toutefois, dans le rapport que nous avons cité, M. Baudrillart dit (nous ne savons sur quelle autorité) qne ces vies étoient au nombre de 459. Notre travail sur les 6 volumes de la copie de Colletet remontant à plusieurs années, nous ne pouvons affirmer notre chiffre comme positif et le véritable. Voici les poètes dont nous avions constaté la notice.

TOME 1er.

Jean d'Alary.
François d'Amboise.
Michel d'Amboise.
Antonius de Arena.
René Arnoul.
Vital d'Audiguier.
Guillaume des Autels.
Gerosme Avort.
Lazare Baïf.
Jean-Antoine Baïf.
Louis de Balzac.
Guil. Salust, du Bartas.
Christiau Beaujeu.
Jean Dehourt.
Remi Belleau.
François de Belleforest.
Joachim du Bellay.
Nicolas Bargedi de Vezelay.
Jacques Bereau, du Poitou.
Hugues Berry.
François Beroalde de Verville.
Jean Bertaut.
Jules César Le Besgue, de Vitry le François.
Jean Besly.
Theodore de Bèze.
Claude Billaud.
De Courzenay, en Bourgogne.
Claude Billet.
Jacques de Billy.
Flaminio Biragne.
René Bocher, sieur d'Ambillon.
Jean Bouchat.
Pierre de Broch, de Bordeaux.
Philibert Buguyon.
Claude Binet.

TOME 2e.

Ant. Corrociolo, prince de Melphe.
Claude Cortant, de Sens.
Jean de Caures, de Picardie.
P. Victor Cayet de la Palme.
Salomon Carton, de Gien sur Loire.
Franç. Champflour, d'Auvergne.
François Chantelouve, de Bordeaux.
Gabriel Chappuys, de Rouen.
Claude Chappuis, d'Amboise.
Jean Charrier, d'Apt.
Louis le Charron, de Paris.
Alain Chartier.
J.-B. Chassignet, de Besançon.
Anselme du Chastel, de Picardie.
Georges Chastelain, de Gand.
Jean Aimé de Chavigny, de Beaune.

TOME 2e (suite).

Pierre Cheminart, de Nantes.
Joseph du Chesne, de Gascogne.
L. de Chesneverd.
Le Chevalier sieur d'Agneaux.
Robert le Chevalier Vire.
Antoine le Chevalier.
Guillaume le Chevalier.
De Cholieux, de Provence.
Florent Chrestien, de Bretagne.
Ch. de Claveson.
Guil. Clavier, de Tours.
Etienne Clavieres, de Bourgogne.
Jeh. Clopinel, dit de Mehun.
Gab. Coignard, de Toulouze.
Cl. Colet, de Champagne.
Jacq. Colin, de Reims.
Roger Collerye, de Paris.
Guillaume Golletet, de Paris.
Delacoulange, d'Auvergne.
Pierre Cornet.
Guillaume Cretin.

TOME 3e.

Lambert Doneau.
Pierre Davity.
Nicolas Denisot.
Bonaventure Desperriers.
Nicolas le Digne.
Estienne Dolet.
Jean Dorat.
Marc L'Escarbot.
Renault d'Ezauville.
Charles d'Espinay.
Charles Fontanu.
Guillaume du Four de Pibrac.
Jacques Fouilloux.
Robert Gaguin.
Claude Gauchet.
Jacques Grenier, de Poissy.
Jacques Grevin.
Guillaume Alexis.
Pernette du Guillet.
Jacques Guillet.
Guillaume de Guilleville.
Guy, de Tours.
Jacques Hurault de la Pitardiere.
Amadis Jomin.
Jean de la Jessé.
Etienne Jodelle.
Christophe de Gomon.
François Gérard.
François Habert.
Dans Gelynaud.
Antoine Hervet de la Maison-Neuve.

TOME 4e.

Louise Labbé.
Loudun Loigaliers.
Jean Lefevre, de Laval.
Antoine Lefevre, de la Borderie.
Guy Lefevre, de la Borderie.
Lechevalier (Antoine).
Rob. Lechevalier s. d'Agueaux.
Pierre Le Loyer.
Olivier de Magny.
Jean Le Maire.
Olivier de la Marche.
Jean Marot.
Michel Marot.
Clément Marot.
Guillaume du Moine.
François Maynard.
Jean Martin.
Louis des Mazures.
Marc de Maillet.
Honorat de Meynier.
J.-Ed. de Monin.
David Aubin, de Morelles.
Claude de Morenne.
Pierre Mathieu.
Jean Moret.
Claude Minot ou Mignault.
Nicolas de Montreux.
Antoine Montchretien sieur de Vatteville.
Adrien de la Morliere.
Jean Antoine Muret.
Madeleine Neveu, dame des Roches la mère.
Catherine Neveu, des Roches, la fille.
Cesar de Nostradamus.

TOME 5e.

Jean Passerat.
Jean Paradin.
Jacques Pelletier.
François Perrin.
Jean de la Peruse.
Julien Pelens.
Bernard du Pouy.
François de Poulchre.
Jean Prevost.
Pierre de la Primauldaye.
Antoine de la Pujade.
François Rabelais.
Nicolas Rapin.
Gabriel Rauquet.
Mathurin Regnier.
Jean Regnier, de Garchy.
Noel Renneville.
Nicholas Richelet.
Pascal Robin, sieur du Faux.
Marie de Romieu.
Robert le Roquez.
Pierre de Ronsard.
Guillaume du Sable.
Octav. de Saint-Gelais.
Mellin de Saint-Gelais.

TOME 6e.

Sainte-Marthe.
Scevole de Sainte-Marthe.
Hugues Solel.
Clement de Saurs.
Maurice Sceve.
Jean Schelandre.
Arn. Sorbin.
Pierre Sorel.
Pierre Sonnat.
Thomas Sibillet.
Estienne Tabourot.
Jacques Tahureau.
Jacques de la Taille.
René du Tertre, s. de la Mothe.
François Tillier.
Ponthus de Thiard.
Philippe Tourniol.
Claude Treslon.
Anne d'Urfé.
Ch. Utenhove.
Marguerite de Valois.
François Villon.

Il nous reste à signaler enfin, celles de ces Biographies ou Notices que l'impression a pu soustraire à la destruction. Nous nous aidons ici des renseignements que nous fournissent sur ce sujet, dans une de leurs dernières livraisons, la *Revue critique* et la *Revue bibliographique universelle* (Polybiblion).

1. Vie de Guillaume de Salluste, sieur du Bartas, publ. dans les *Vies des Poëtes gascons*, par Phil. Tamizey de la Roque. Paris, Aubry, 1866.

2. Vie de Remy Belleau, mise en tête des œuvres de R. Relleau, édition de Gouverneur, dans la bibliothèque elzévirienne. Paris, Franck, 1867.

3. Vie de François de Belleforest, publ. dans les *Vies des Poëtes gascons*, par Phil. Tamizey de la Roque. Paris, Aubry, 1866.

4. Vie de Pierre de Brach, en tête des œuvres inédites de P. de Brach, éd. de R. Dezeimeris. Paris, Aubry, 1862.

5. Vie de Joseph du Chesne, sieur de la Violette, publ. dans les *Vies des Poëtes gascons*, par Phil. Tamizey de la Roque. Paris, Aubry, 1866.

6. Notice sur Charles de Claveson. — Transcrite pour M. le prince de Bauffremont-Courtenay.

« Je ne m'estonne pas de voir des heureux de naissance obscure... »

7. Vie de Pierre Cornu, en tête des *Œuvres poétiques* de P. Cornu. Edition de P. Blanchemain. Turin, Gay, 1870.

8. Vie de Guy du Faur de Pibrac, publ. par Ph. Tamizey de la Roque. Paris, Aubry, 1871.

9. Vie de Claude Gauchet, en tête du : *Plaisir des champs avec la venerie, la volerie et la pescherie*, édition de P. Blanchemain dans la bibliothèque elzevirienne. Paris, Franck, 1869.

10. Vie de Guillaume Alexis, dit le Moine de Lire.

Cabinet historique (1858), t. IV, p. 266-72, avec la liste des manuscrits de Colletet à la bibliothèque du Louvre.

11. Vie de Jean de la Jessé, publ. dans les *Vies des poëtes gascons*, par Ph. Tamizey de la Roque. Paris, Aubry, 1866.

12. Vie d'Olivier de Magny, en tête des *Gayetés*, édit. de P. Blanchemain. Turin, Gay, 1870.

13. Olivier de la Marche. Notice de Colletet.—Transcrite pour M. Guillemain, de Châlon-sur-Saône.

14. Vie de François de Maynard en tête du Philandre, édit. de P. Blanchemain. Genève, Gay, 1867.

15. Vie de Pernette du Guillet en tête des Poésies de Pernette du Guillet, Lyonnaise, édition de Breghot du Lut. Lyon, Louis Perrin, 1830, in-8°.

16. Vie de Jean de la Péruse, publ. dans le *Trésor des pièces angoumoisines*, par Gellibert des Séguins. Paris, Aubry, 1863.

17. Vie de Bernard du Pouy, publ. dans les *Vies des Poëtes*

gascons, par Phil. Tamizey de la Roque. Paris, Aubry, 1866.

18. Vie de François de Poulchre, publ. dans les *Vies des Poètes gascons*, par Phil. Tamizey de la Roque. Paris, Aubry, 1866.

19. Vie d'Antoine de la Pujade, publ. par M. Ph. Tamizey de la Roque sous le titre de : *Vies des Poètes agenais*. Paris, Aubry, 1868.

20. Vie de François Rabelais, publiée par Philomneste Junior. Genève, Gay, 1867.

21 Vie de Nicolas Rapin.—Transcrite pour M. Eug. Halphen.

« Nous la publions à la suite de ce travail. »

22. Vie de Mathurin Regnier (notice inachevée), en tête des œuvres de M. Regnier. Ed. d'Ed. de Barthelemy. Paris, Poulet-Malassis, 1862.

23. Vie de Ronsard, en tête des œuvres inédites de Ronsard édition de Prosp. Blanchemain. Paris, Aubry, 1855.

24. Vie de Guillaume du Sable, publiée par M. Ph. Tamizey de la Roque sous le titre des *Vies des poètes agenais*. Paris, Aubry, 1868.

25. Vie d'Octavien de Saint-Gelais, dans le Trésor des pièces angoumoises publ. par Gellibert des Séguins. Paris, Aubry, 1863.

26. Vie de Messin de Saint-Gelais, publ. dans le Trésor des pièces angoumoisines par Gellibert des Séguins. Paris, Aubry, 1863.

27. Jean de Schelandre. 1635.—Transcrite pour M. Ch. Buvignier, de Verdun.

28. Vie de Jacques Tahureau, en tête des *Mignardises amoureuses de l'admirée*, édition de P. Blanchemain. Genève, Gay, 1868.

29. Vie de Marguerite de Valois, duchesse d'Angoulême,

publ. dans le Trésor des pièces angoumoisines, par M. Gellibert de Séguins. Paris, Aubry, 1863.

30. Vie de François Villon, en tête des œuvres de Villon, édition du bibliophile Jacob. Paris, Janet, 1834.

31. Vie de Jean Doublet, en tête des Elégies de Jean Doublet, publiées avec notes, par Prosper Blanchemin, Rouen, 1869, in-8°.

Pour clorre tout ce que l'on sait de la vie des poetes de Colletet nous voyons dans le P. Lelong, que le manuscrit étoit autrefois en la possession de Florentin Delaulne, libraire, à Paris. Celui-ci étant mort en 1723, Gabriel Martin acquit ce manuscrit de sa veuve, et il étoit encore en 1772 en la possession de Claude Martin, libraire à Paris. C'est sans doute des mains de ce dernier ou de ses héritiers que le Colletet entra dans la bibliothèque du Louvre par acquisition en 1808, et sur la proposition de M. A. A. Barbier.

---

332. Notice raisonnée des ouvrages, lettres, dissertations publiés par MERCIER, ABBÉ DE SAINT LEGER, depuis 1760 jusqu'en 1799, redigée en partie par lui-même, continuée par ANT. ALEX. BARBIER, qui y a joint la notice de quelques mss. trouvés dans ses papiers et l'indication des ouvrages de sa composition ou autres, qui se sont trouvés chargés de notes de sa main, avec le nom des personnes qui les ont acquis à la vente de sa bibliothèque, ou qui les possédoient en 1799. 1 vol. in-4°, rel. en veau. — F. 2438[1].

En note. — Il y a quelques années ce catalogue a été publié par M. Chenedollé dans le *Bulletin du Bibliophile belge*, mais sans aucune mention du nom de A. Barbier comme continuateur du travail de Mercier de Saint-Léger. Il a été tiré à part quelques exemplaires de ce catalogue.

333. Quatre lettres au sujet d'un manuscrit contenant la correspondance originale de Peiresc, par M. N. S. GUILLON ET FAURIS DE SAINT VINCENT. 1 vol. in-4°. — F. 2439[1].

334. Memoire pour servir à la future édition du Moréri, par M. du Masbaret, ancien curé de S. Michel de la ville de S. Leonard, en Limousin. 6 gros vol. in-4°. — F. 2489.

Ce travail, rempli de recherches, de critiques et d'observations curieuses, étoit un précieux correctif aux nombreuses erreurs du grand Dictionnaire de Moréri. Il avoit été acquis en 1836 à la vente de Richard Héber.

335. Table alphabétique de la biographie des hommes du jour. 1 vol. in-fol. — 2524[2].

336. Les Croniques et Gestes des tres hauts et tres vertueux faits du tres crestien roi François, premier de ce nom, comancées au temps de son aduenement à la couronne qui fut l'an de Grace du Sr. mil. vc xiiii le lundi, premier jor du moys, premier jor de la sepmaye et p[re]mier jor de la en bonne estrayne. 1 vol. in-fol.

Manuscrit sur vélin, in-fol. à deux colonnes, de 64 pages, relié en velours vert, exécuté pour François Ier, sous la direction d'André de la Vigne, «*indigne Croniqueur du roy et Secrétaire de la royne*,» contenant une relation complète et détaillée de toutes les cérémonies du sacre. Ouvrage enrichi de peintures et de lettres initiales coloriées de la plus grande beauté.

La première de ces lettres renferme, dans ses contours, les portraits du roi de la reine, la seconde, ceux du père et de la mère de François Ier. Quelques-unes (fol. 7, 16 et 26) ne sont qu'ébauchées à des degrés différents, et font ainsi connoître les diverses opérations successivement pratiquées pour leur exécution.

La 1re miniature, de la grandeur du manuscrit, représente l'auteur offrant à genoux son livre à François Ier, assis sur son trône, et entouré de sa cour.

Une autre plus petite (fol. 19, verso), chef-d'œuvre de délicatesse et de goût, a pour sujet : « *Comme larceuesque receult la saincte ampolle et la porta sur le grand autel.* »

Mais la plus importante, comme document historique et sous le rapport du costume, est celle qui représente (fol. 21) François Ier dans ses robes royales, debout au milieu de ses pairs spirituels et laïcs « *habillés et vestus comme ils estoient.* »

Le texte donne la description de leurs vêtements, couronnes et parures; leurs noms, leurs titres, et l'indication des fonctions qu'il avoient à remplir, l'ordre dans lequel ils furent appelés par le chancelier pour faire leur office.

Dibdin, dans son *Bibl. Decameron*, consacre à ce précieux manuscrit un long et brillant article, accompagné du *fac-simile* de la première lettre, qui occupe toute une page, tome 1, fol. cxv.

On y voit que Dibdin a acheté ce manuscrit, à la vente des livres de M, Edwards, 100 liv. sterl., et qu'après en avoir fait l'usage qu'il se proposoit, il l'a revendu le même prix à M. John North, dont la bibliothèque a été depuis mise en vente : circonstance qui a procuré le moyen de la rapporter en France.

Le volume porté sur un catalogue de vente publique, dirigée par Merlin, alors libraire, fut acheté au prix de 2,000 et quelques cents francs, par ordre du roi Louis-Philippe, pour être offert à la princesse Marie d'Orléans, qui, après avoir conservé le précieux texte pendant plusieurs années, en fit don à la bibliothèque du Louvre.

1. Catalogue des manuscrits de la Bibliothèque du Louvre. 1 vol. in-fol. dem.-rel.

C'est ce catalogue que, pour notre propre utilité et le service du *Cabinet historique*, nous avions pris le soin de copier, déjà depuis plusieurs années.

2. Catalogue général par ordre de matières des ouvrages composant la Bibliothèque du Louvre. 9 vol. in-fol.

3. Catalogue systématique des pièces et opuscules faisant partie de volumes de divers formats que se trouvent dans le recueil A, dit Recueil Nyon, 2 vol. in-fol.

4. Table alphabétique des auteurs des deux catalogues cidessus désignés. 28 vol. in-fol.

5. Catalogue par ordre alphabétique des titres des pièces sur la Révolution, avec table des noms d'auteurs. 3 vol. in-fol.

6. Relevé par ordre alphabétique et par ordre chronologique des journaux de la Révolution se trouvant dans le catalogue cidessus désigné.

7. Catalogue du théâtre révolutionnaire formé par M. Viollet-Leduc, et du répertoire dramatique factice qui en formoit la suite. 1 vol. in-fol.

8. Liste générale des ouvrages cités, avec renvois, dans la collection des ordonnances de Saint-Genis. 1 vol. in-fol.

9. Bibliotheca Petrarchesca formata, possedata descritta ed illustrata del professore Antonio Marsand. *Milano*, 1826. 1 vol. gr. in-8 de 278 p. avec planches.

L'exemplaire de ce curieux catalogue avoit été interfolié de papier blanc. — Acquisition faite pour la bibliothèque du Louvre, par ordre du roi Charles X, peu de temps avant 1830, ce qui a permis d'inscrire par ordre de matière les diverses acquisitions faites successivement par la bibliothèque du Louvre, dans le but de tenir au courant ce précieux et unique monument bibliographique, spécialement consacré à Pétrarque et à tout ce qui se rattache à ses œuvres et à sa personne.

10. Inventaire détaillé des ouvrages imprimés et manuscrits formant la collection Motteley. 1 vol. in-fol.

11. Catalogue systématique des Bibliothèques des palais de Fontainebleau, Compiègne, Saint-Cloud, Rambouillet. 5 vol. in-fol.

12. Tables alphabétiques des auteurs des Bibliothèques de Fontainebleau et Compiègne. 5 vol. in-fol.

13. Catalogue de la Bibliothèque du ministre de la maison du Roi (avant 1830), avec table des auteurs. 1 vol. in-fol.

14. Catalogue de la Bibliothèque de l'Intendance de la Liste civile, avec table des auteurs, 1833. 1 vol. in-fol.

337. Situation générale de l'Armée au 1er mars 1819. 1 vol. pet. in-fol. — C. 2786.

338. Situation de l'Armée au 1er juillet 1819. 1 vol. pet. in-fol. — C. 2787.

339. Situation générale de l'Armée au 1er janvier 1820. 1 vol. pet. in-fol. — C. 2788.

340. Collection de portraits de membres de l'Institut. Dessins originaux par J. Boily, 1 vol. in-4°, dem -rel. en maroq. rouge.

341. Manuscrit persan, du Shah-Nameh, écrit en lettres de différentes couleurs, sur papier de chine, orné de peintures rehaussées d'or, arabesques et fleurons très-riches, or et azur, etc., reliure orientale. — Offert au Roi Louis-Philippe.

342. Bibliographie instructive, par Debure, 1763-1768, 7 vol. in-8° chargés de notes marginales, ou sur feuillets détachés, de la main de l'abbé Mercier Saint-Léger. — Offerte au Roi Louis-Philippe.

343. Catalogus historico-criticus romanorum editionum, sæculi XV, auctore J.-B. Audeffredi. Romæ, 1783, in-°, avec de nombreuses notes de la main de Mercier de Saint-Leger.

344. Collection de dessins originaux, à la plume, vers le milieu du XVIIIe siècle, par Ghezzé. 1 vol. in fol, rel. de Simier au chiffre de Louis-Philippe.

Charges et caricatures des célébrités du temps.

345. Archives administratives de la Bibliothèque du Louvre, 125 cartons in-fol. et 40 registres de différents formats.

346. Ossian. Œuvres. Traduction de Letourneur, ancienne édition in-4°, 1 vol. rel. en maroq. citron, d. s. t. aux armes impériales.

En tête de cet exemplaire offert en hommage à Napoléon, vers 1810, se trouvoit un dessin original d'Isabey, d'après Gérard. On sait que le tableau original de Gérard, acquis par le Roi de Suède, Charles-Jean, a été perdu en mer avec le vaisseau qui le portoit. Toutefois, ajoutons que le volume dont il est question n'a point été brûlé, mais se trouve au musée des Souverains.

347. Catalogue des manuscrits, sur l'art militaire, existant à la Bibliothèque Impériale, dressé par Teulet. 1 vol. in-4°, dem.-rel. maroq. vert.

348. Compte des recettes et dépenses de la caisse particulière de S. M. l'Empereur, dite *Petite cassette*, depuis l'année 1804 jusqu'en avril 1814, 2 petits vol. in-fol. rel. en maroq. vert, aux armes impériales.

Ces comptes ont été successivement tenus par le baron Meneval et par le baron Fain. A la fin de chaque mois le compte de recettes et dépenses étoit arrêté de la main de Napoléon avec son paraphe, et souvent avec quelques lignes de chiffres en marge du volume, afin de contrôler le compte qui lui étoit soumis.

Cette copie fac-simile de ce curieux document avoit été faite en double, par les soins et aux frais de M. le comte de Las-Cazes, d'après l'original qui étoit entre les mains de M. le comte d'Orsay. L'une de ces copies avoit été donnée à la Bibliothèque du Louvre, par M. de Las-Cazes qui doit posséder encore la seconde copie.

Nous finirons en disant que l'on conserve aux archives nationales, le premier catalogue de la Bibliothèque du Louvre, dressé en 1819 sous le titre d'*Inventaire des livres du Dépôt central des bibliothèques particulières du Roi*. 2 vol. in-fol. Ce catalogue étoit l'œuvre de M. A. A. Barbier qui, comme administrateur des bibliothèques de la couronne, avoit eu à faire terminer vers la même époque, en exécution de la loi de 1814, sur la liste civile, les catalogues des bibliothèques des palais de Fontainebleau, Compiègne, Saint-Cloud, Trianon et Rambouillet.

PIÈCES ET LETTRES INÉDITES

TIRÉES DES

COLLECTIONS DE LA BIBLIOTHÈQUE DU LOUVRE

SERVANT D'APPENDICE AU CATALOGUE DE SES MANUSCRITS

Nous donnerons d'abord les extraits des Recueils Joursanvaux que nous décrivons sous les nos 213, 214 et 215 de notre catalogue, et qui sur l'original, brûlé avec le reste, étoit coté *Série F.* 145^1, 145^2 et 145^3.

Nous avons publié dans le *Cabinet historique* (t. IV, Documents, p. 192) une notice de M. Jules Pautet sur le baron de Joursanvaux, mort en 1793. On y voit comment, par suite d'un revers de fortune, M. de Joursanvaux fils fut obligé de vendre le cabinet qui avoit illustré son nom.

Il faut dire qu'au préalable M. de Jourvansaux en avoit fait dresser l'inventaire par l'érudit M. Baudot, alors archiviste de Dijon, et c'est cet inventaire que mit au jour, en 1838, le libraire Techener (1), chargé d'opérer la dispersion des richesses paléographiques du célèbre curieux. Dès ce temps, et quand nous reçûmes ce merveilleux catalogue, nous n'eûmes à former qu'un vœu, c'est que la Bibliothèque du Roi et les Archives du royaume s'entendissent pour l'achat de la collection. Il n'en fut rien. L'ensemble fut livré aux enchères, — offert au détail à tout prix, au rabais le plus infime, et le tout lamentablement dispersé. La Bibliothèque du Louvre eut la chance de se voir adjuger, pour sa part, divers dos-

(1) Catalogue analytique des archives de M. le baron de Joursanvaux contenant une précieuse collection de manuscrits, chartes et documents originaux, au nombre de plus 80,000. Paris, 1838, 2 vol. in-8.

siers de documents sur les XIVe, XVe et XVIe siècles, dont à la reliure on composa deux forts volumes in-folio. La meilleure partie de ces pièces se rattachoient aux dépenses, à l'entretien de la maison des ducs d'Orléans, de la branche des Valois. Louis de France, la victime du guet-apens de la rue Barbette, et l'illustre Valentine de Milan y figuroient avec leurs enfants, leur cour et leur entourage. On trouvoit dans ces dossiers la dépense, jour par jour, de la maison : la mention du linge et des vêtements; les livrées de drap et de pelleteries. On y voyoit les libéralités, les gratifications aux poëtes, aux gens de lettres, aux artistes, aux musiciens, aux faiseurs de tours et joueurs de souplesses; le traitement du physicien, du nain, du fou, du maître de chapelle et des enfants de chœur; le compte du relieur; le titre et la description des volumes acquis par la librairie de Monseigneur; les étrennes aux princes et princesses, les aumônes et dons de toute nature; l'inventaire des meubles, reliquaires, bijoux et écrins de madame la duchesse; les tapisseries, courtines et tentures; les lits brodés aux armes; les peintures, les sculptures, les riches orfévreries et tant d'autres curieuses descriptions et nomenclatures propres à faire apprécier la magnificence de cette cour, qui luttoit sans désavantage, non pas avec celle de France, fort peu brillante à ce moment, mais avec la cour des ducs de Bourgogne, dont le faste et la splendeur n'ont jamais été dépassés.

Voici quelques-unes des pièces que, par désœuvrement, nous avions, à temps, extraites de ce recueil. Nous avons le regret d'avouer que ce ne sont ni les plus curieuses, ni les plus importantes. Nous projetions une copie intégrale des deux volumes, et, plus tard, une publication spéciale... Mais que de projets et de rêves dans la vie! Puis ce travail devant prendre bien des heures, il étoit remis d'un jour à l'autre, et cependant fuyoit l'irréparable temps!... Puis est venue la Commune et ses exécrables forfaits!

I. — RECUEILS JOURSANVAUX.

1. — ORDRE DU COMTE DE BLOIS DE PAYER A CONRARD L'ARTILLEUR, 6 ÉCUS, POUR UNE COTTE-HARDIE.

1356.

Ce comte de Blois est Louis II, de la maison de Châtillon, mort en 1372, — et dont le comté fut acquis en 1391 par Louis de France, duc d'Orléans, au règne duquel se rattachent la plupart des pièces qui suivent.

De par le Signeur de Becoud, chevalier gouverneur de la comté de Blois.

Receveur de Blois, Nous vous mandons que vous bailliés et délivrez a Conrard l'artilleur, la some de six escus dou Roy Jehan, que Mons. Hue de Barbenchon, et Nous, li avons accordez et donnez, pour une cotte-hardie; pour ce que il n'eut nulz draps de Monsieur, à Paskes l'an lvi : — et li dite some vous sera passée a vos comptes prochains en rapportant cest mandement saiellé de no saiel. Donné le derrain jour d'aoust dess. dit.

Fol. 5, n° 1er.

2. — MARGUERITE DE BEAUVILLIERS ROINE DE LA FEVRE.

1377.

En la présence de moy Guillaume de Villebresme le jeune, secrétaire de Madame la Duchesse d'Orléans de Milan, Je Marguerite de Beauvilliers a confessé avoir receu de Maistre Loys Ruzé trésorier et Receveur général des finances de ma dite dame la somme de six escus d'or valant IX l. XII s. VI d. laquelle mad. dame lui a donnée en faveur quelle a esté

Royne de la fèvre à la purification nostre seigneur dernière passée. De la quelle somme de VI escus d'or la d. Marguerite de Beauvilliers s'est tenue pour contente et en a quicté et quicte led. trésorier et tous autres : Tesmoing mon seing manuel cy mis à sa requeste le xxe jour de janvier l'an mil ccc soixante dix sept.

Signé, VILLEBRESME.

---

3. — RUSTIGNY, BASTARD DE PONS,

Reconnoit avoir reçu 12 l. 10 s. ts. que la Duchesse d'Orléans lui a donné pour une robe, en raison de sa Royaulté, 1378.

1378.

En la présence de moy Guillaume de Villebresme le jeune, secretaire de Madame la Duchesse d'Orléans, de Milan, Je, Rustigny, bastard de Pons, Eschançon de Mons. le Duc, a confessé avoir reçu de maistre Loys Ruzé, trésorier et receveur général des finances de ma dite Dame, la somme de douze livres dix sols tournois, à lui donnée par la dicte Dame pour avoir une robe : En faveur qu'il fut Roy de la Royaulté : faicte en la maison d'icelle Dame, la vigille de l'apariçon Nostre Seig. derrier passée. — Dela quelle somme de XII l. X s. ts. ledit Rustigny a quicté et quicte ledit trésorier et tous aultres. — Tesmoing mon seing manuel cy mis, le dernier jour de mars l'an mil ccc soixante dix huit.

Signé, VILLEBRESME.

Fol. 3, n° 3.

---

4. — LE DUC D'ORLÉANS REÇOIT DES EXÉCUTEURS TESTAMENTAIRES DE LA DUCHESSE, CERTAINS LIVRES DE CHAPELLE, LA BIBLE EN FRANÇOIS, ET AUTRES PRÉCIEUX OBJETS.

Il s'agit ici de Blanche de France, comtesse de Beaumont, fille de Charles IV et de Jeanne d'Évreux, née posthume le 1er avril

1328; elle avoit épousé, le 18 janvier 1344, Philippe de France, duc d'Orléans, premier fils de Philippe de Valois. Après la mort de ce prince en 1375, le duché d'Orléans étoit revenu à la couronne, pour, à quelques années de là, en 1380, en sortir de nouveau au profit de Louis, frère de Charles VI. — La duchesse douairière Blanche de France étoit morte sans postérité, le 8 février 1392.

1392.

Sachent tuit que J. Martin Cordier, exécuteur du testament de feu Madame la duchesse d'Orléans, que Dieux absoille! et commis de par Mess. les autres exécuteurs dud. testament a faire la recepte des biens de l'exécution d'icellui, recognois avoir eu et receu de Excellent et Puissant Prince, Mons. le duc d'Orléans, conte de Valois et de Beaumont, par la main de Jehan Poulain son trésorier, la some de deux mil huit cens quarante quatre livres XVII s. ts. tant pour certains livres de chapelle, La Bible en françois, et plusieurs autres livres et roumans; come pour plusieurs gobelets, tasses, bains à laver, plaz, escuelles, dragouers, salieres, chandeliers, encensiers, reliquaires et autres vaisselles d'or et d'argent; pour plusieurs coffres draps, nappes, touailles, toilles, quarreaulx de drap d'or de soye et de laine, tapisseries de chambre, de sale et de chambre; pour une chambre de soye blanche, tableaux a ymages, et pour le jeu de tables et des eschecs pour un grant char garni de deux couvertures l'une de broderie sur velours de champ violet et l'autre de drap pers de laine, et autres choses prinses et retenues par mon dit Seigneur des biens de la dite exécution, jusques au pris et valeur de la d. some de II m. VIII c. XLIIII l. XVII s. per. de la quelle somme je me tien pour bien payé, tesmoing mon seing manuel, mis avec mon scel à ceste presente quittance faite à Paris le XIIe jour de mars l'an mil CCC. IIII^XX et douze.

M. CORDIER.

5. — JOUEUR DE SOUPLESSES A LYON.

28 mai 1494.

Nous Alexandre de Malabayle chevalier seigneur de la Monta, conseiller et maistre d'hostel de mons. le duc d'Orléans, certifions a tous qu'il appartient que Jacques Hurault conseiller et trésorier et receveur général des finances de mond. Seigr a païe, baillé contant, en ma présence, à un joueur de soupplesses de l'ambaxade de Milan, la some de quatre escus d'or, à la couronne, que ledit seigneur luy a donné pour avoir joué devant luy cejourd'huy en la ville de Lyon. — En tesmoing de ce, nous avons signé ces présentes de notre main le XXVIIIe jour de may l'an mil CCCC. IIII^xx et et quatorze.

ALEXANDRE MALABAYLE.

Fol. 5.

---

6. — GILOT, FOL DU DUC D'ORLÉANS, REÇOIT UNE SOMME DE X ÉCUS D'OR POUR L'AIDER DE PAYER SA MAISON.

On sait que, dès le moyen âge, les rois, les princes et les grands avoient près d'eux des fous en titre d'office, et, par induction, on peut croire que cet usage remontoit à la plus haute antiquité. Le jeu des échecs nous l'enseigne assez : on sait que les fous sont deux pièces de ce jeu qui ont leur place marquée près du roi. Ce qui a fait dire à Régnier :

» Les fous sont aux échecs les plus proches des Rois... »

On a conservé le nom de plusieurs de ces grotesques personnages et nous aurons occasion tout à l'heure de parler de l'un des plus illustres d'entre eux. En attendant, voici messire Gilot dont je crois le nom n'étoit pas connu.

1396.

Je Jehan seigneur de Roussay, chevalier, Chambellan de Mons. le duc d'Orléans, certifie a tous que Godefroy Lefevre varlet de chambre et garde des coffres de mon dit Seigneur a paié et délivré à Gilot le fol, la somme de dix escus d'or, laquelle icelluy seigneur lui avoit donné, pour une fois, de sa grace especial, pour lui aidier a paier sa maison qu'il a nouvellement achetée. En tesmoing de ce j'ay scellé ceste cedule de mon scel le XVIe jour de mai l'an mil CCC. IIII^{xx} et seize.

Fol. 18.

---

7. — OUDAIT DU SOUILLOY, MAITRE D'ECOLE DU COMTE D'ANGOULESME, REÇOIT SES GAGES DU RECEVEUR.

Jean, troisième fils de Louis d'Orléans et de Valentine de Milan, duc d'Angoulême et de Périgord, après la mort de son père, ne jouit pas longtemps de sa fortune. Donné en ôtage aux Anglois par son fils Charles, duc d'Orléans, il resta jusqu'en 1444 en Angleterre, où il se livra à l'étude des lettres et de la philosophie chrétienne. On peut croire que les leçons du maître d'école Oudait du Soulloy eurent quelque influence sur la direction de ce prince. Revenu dans l'Angoumois, il se fit chérir de ses sujets et mourut à Cognac en 1467, laissant de Marguerite de Rohan, Charles, son successeur au comté d'Angoulême.

7 novembre 1413.

Sachent tuit que Je Oudait du Souilloy, Maistre d'Escolle de Monseigneur le comte d'Angoulesme, confesse avoir eu et receu de Pierre Rénier trésorier général de mond. sieur, la somme de vint deux livres dix solz tournois, sur ce qui me puet estre deu à cause de CL l. de pension par an à moy piéça ordonnée par mond. Seigneur par ses lettres sur ce faites de laquelle somme de XXII livres X solz dessusd. je me tiens pour content et bien paié, et en quicte mond. sieur le Duc, son dit recepveur et tous autres. Tesmoing mon seing manuel cy mis le VIIe jour de novembre l'an mil CCCC et treize.

O. DE SOUILLOY.

Fol. 49.

---

8. — MATHIEU LESCUREUR, BATELEUR, A CHAUNI.

Il reçoit 45 sols que le duc lui a donné pour avoir joué devant Mons. de Guienne, et ledit Duc, des jeux et esbattemens, lui et ses trois enfans.

Charles, duc de Guienne, quatrième fils de Charles VII et de Marie d'Anjou, né le 28 décembre 1446, mort de poison le 12 mai 1472. Il avoit accepté le duché de Guyenne, au lieu de celui de Normandie. Par sa mort, la Guyenne fut de nouveau réunie à la couronne. On a remarqué que Charles fut le dernier fils de France qui, dans son apanage, ait eu les droits régaliens et qui ait levé à son profit des impositions.

12 novembre 1414.

Je Hugues Perrier secretaire de mons. le duc d'Orléans certifie à tous à qui il appartiendra que aujourd'hui en ma présence mons. Pierre Sauvage, secretaire de mond. seigneur a baillié et délivré a Mathieu Lescureur basteleur demeurant a Chauni la somme de quarante cinq sols tournois que mondit seigneur lui a donnés pour ce qu'il a joué aud. lieu de Chauny devant Monsr de Guienne et mond. seigneur de jeux et esbatemens, lui et trois ses enfans; delaquelle some de XLV s. dessus dite le d. Mathieu sest tenu pour content et en quicte ledit maistre Pierre et tous autres. Tesmoing mon seing manuel cy mis à Noyon le XIIe jour de septembre l'an mil CCCC et quatorze.

Signé, PERRIER.

Fol. 16.

---

9. — JEHAN DE BONNEVILLE

Recoit d'Etienne Courtet, receveur des finances du comte de Vertus, 30 sols pour la copie et patente du Régent qui nomme le Comte de Vertus son lieutenant pour la guerre entre les Rivieres de Seine et Loire.

Philippe, comte de Vertus, fils de Louis d'Orléans et de Valentine de Milan, qui mourut sans alliance en 1420.

16 décembre 1419.

Je Jehan de Bonneville, tabellion juré du scel aux contraux de la chastellenie de Blois, confesse avoir eu et receu de honourable et discrette personne Estienne Courtet, receveur général des finances de mons. le conte d'Orléans, la some de trente sols tournois pour ma paine et sallaire d'avoir grossoyé en parchemin, signé et scellé dudit scel de la chastellenie de Blois, deux vidimus contenans chacun une peau de parchemin d'une lettres patentes de Mons. le Régent et Daulphin de Viennoys, scellées de son grant scel en cire blanche; par lesquelles mon dit sieur le Régent a retenu mond. Sieur de Vertus en son lieutenant, ou fait de la guerre entre les deux rivières de Sayne et de Loire, au prix de xv s. —chacun vidimus, vallant ladite some de xxx s.; de laquelle somme de xxx s. je me tieng pour content et bien paié et en quicte mon dict sieur de Vertus, ledit Estienne Courtet et tous autres. Tesmoing mon seing manuel cy mis le xvie jour de decembre l'an mil cccc et dix neuf.

DEBONNEVILLE.

Fol. 117.

---

10. — LE MUET D'ORLÉANS, AUTREFOIS GALOPIN, ET LE FRÈRE DE LA FEUE PUCELLE.

Voici une autre libéralité du duc d'Orléans envers le frère de la Pucelle, qui ne prouve pas que la famille de notre héroïne fût dans une grande aisance.

1450.

Je Remon Fricon, chevalier et premier maistre d'ostel de monseigneur le duc d'Orléans, certiffie a tous qu'il appartiendra que Jehan Chardoy, trésorier et receveur général des finances de mondit seigneur a paié la somme de cinquante-cinq sols tournois pour don par mondit seigneur fait c'est assavoir xxviii sols vi deniers au Muet qui demeure à Orléans, qui autreffois a esté galopin, et au frère de la feue Pucelle xxvii sols vi deniers pour eulx aidier à avoir vivres nécessaires, — dont ils se sont tenuz pour contens, tesmoings mon seing manuel cy mis, le dernier jour de juillet l'an mil cccc cinquante.

R. FRICON.

Fol. 2.

---

11. — TRIBOULET, FOU DU ROI DE SICILE.

Il est payé à Georges Le Volleur x liv. ts. pour un cheval que lui prit M. le Duc, pour en faire don à Triboullet.

1464.

En la présence de moy Henry du Vergier secretaire de Monseigneur le duc d'Orléans, Georges le Volleur, marechal du logis de mondit Seig^{r} a cogneu et confessé avoir eu et receu de Me Macé Guernadon conseiller et trésorier des finances d'icellui Seigneur, la somme de dix livres ts. pour cause d'un cheval pris dudit Georges par mond. s^{r}. le Duc, et icelluy donné par luy à Triboullet, foul du Roy de Secille; de laquelle somme de x l. ts. ledit Georges s'est tenu pour content et bien paié, et en a quicté et quite led. tresorier et tous autres a qui il appartiendra. Tesmoing mon sceing manuel cy mis le xxvie jour de novembre l'an de grace mil cccc soixante quatre.

H. DU VERGIER.

Dans un livre assez ennuyeux d'ailleurs, intitulé *l'Explorateur des quatre fleurs du Paradis terrestre*, l'auteur voulant prouver que les fous et ceux qui se rapprochent d'eux sont les plus heureux gens du monde, prend l'exemple de Triboulet. Le morceau nous a paru assez curieux en ce qu'il montre l'idée qu'on se faisoit à cette époque des fous, considérés comme impeccables, à force d'innocence et de simplicité.

« Soit prins ung fol ignorant, comme Triboulet ou aultre qui court les rues. Cestui ne craint mort, maladie, synderese, ny remord de conscience; il ne doubte dyable, larve ni enfer; il n'a crainte de maulx iminens ou esperance de biens futurs; il est en outre, sans orguel, ire, avarice, envie, vergoigne et honte, et qui est chose très singulière, il ne peut pècher, mais est saint et innocent. Cestuy chante, court, rit, s'esbat, soy resjouit, et nul luy court sus; les mauvaises bestes et cruelles qui sentent sa simplicité luy pardonnent et luy sont domestiques. En outre, il sert de si grant plaisir au Roy et princes souverains qu'ils veulent et commandent qu'il assiste à leurs disners, couchers, levers et déduits; la porte, oreille et parole royale qui est fermée et desnyée ès conseillers sages et toquées personnes, lui est en tous temps patente et ouverte. Car de luy la court prent jeux, délices, passetemps et esbatemens. En ses parolles n'est trouvé duplicité, fallace, mensonge, trayson, ny adulation; mais tout vérité, plus que en yvrongnes et enfans. Si que son dire est prins joyeusement qui seroit souvent, en la bouche d'autre, péril capital. Les dames lascivent et s'esbatent de luy, d'autant plus quelles sont inclinées à vanités et esbats; si que le baiser, atouchement et parler de cestuy est escusé. »

Ce curieux portrait du célèbre fou, dont les historiens du règne de François Ier ont tant parlé, nous a donné l'idée de faire quelques recherches sur l'état civil et l'identité de ce personnage. Il est résulté de nos recherches la preuve qu'on a étrangement surfait le rôle et l'importance du pauvre fou, et que Triboulet, mort longtemps avant le règne de François Ier. n'a jamais été à son service, et que, par conséquent, il faut rayer de sa légende tous ces jolis bons mots dont les ana se sont enrichis, principalement les coups de bâton de l'amiral Bonnivet, — les sages avis de Triboulet sur la campagne d'Italie de 1525 et ses bons mots à propos du voyage de Charles-Quint en France en 1536 : et c'est par un anachronisme du même genre que, dans son drame odieusement diffamatoire, M. Hugo l'a fait figurer à côté du roi-chevalier, dont le caractère a été si ordurièrement travesti par le grand poëte.

Petit front et gros yeuz, nez grant, et taille à vôte (voutée)
Estomach plat et long, hault dos a porter hote

Tel est le portrait qu'en fait Jean Marot (le père de Clément), portrait auquel la tradition ajoute des oreilles d'une longueur prodigieuse, avec une bouche démesurément fendue. C'est sous cet aspect grotesque que Triboulet, né à Blois, et familiarisé de bonne heure à la vie errante, passoit son temps au métier de bouffon et de grimacier, jouant de tous les instruments avec la même habileté et se faisant, à l'aide de ses talents divers, une collecte quotidienne suffisante à ses besoins. Le roi René passant par Blois eut occasion de le voir dans son exercice de grimacier; il se plut à ses lazzis et le prit à son service. Nous voyons par la pièce Joursanvaux qu'en l'année 1464 il étoit encore nanti de son office de fou du roi. René mourut en 1480. Le jeune duc d'Orléans, Louis II, petit-fils de Valentine de Milan, roi de France en 1498, sous le nom de Louis XII, le recueillit au même titre, car nous le retrouvons comme fou du roi dans les expéditions de ce prince en Italie, lors de la conquête de Milan et du royaume de Naples. Triboulet vécut quelques années encore au-delà de cette époque (1509). C'est ce qui semble résulter de cette épitaphe que fit pour lui Jehan Robertet, secrétaire des finances au temps du roi Louis XII.

ÉPITAPHE DE TRIBOULET.

Triboulet suis, qu'on peult juger en face
N'avoir esté des plus sage qu'on face.
Honneste fuz, chascun contrefaisant
Sans jamais estre aux dames malfaisant.
Du lut jouay, tabourin et vielles
Hapes, rebecs, doulsaines, challemelles
Pipetz, flajolz, orgues, trompes et cors
Sans y entendre mesure ny accords.
En chants, danses feiz choses non pareilles
Mais dessus tout de prescher feiz merueilles.
Car mon esprit qui n'eut oncques repos
En vingt parolles faisoit trente propos.
Arme en blanc joustay de espée et lance
Aussi cruel à plaisir, qu'à oultrance
Deuant moy pages trembloient comme la fièvre
Fyer, menasseur et hardi... comme un lièvre.

Le roy adonc me feit seoir à sa table
Où luy donnai maint passe-temps notable.
Oncques homme qu'il eut en son service
Ne feit sy bien comme moy son office.

Les monts passay avec luy sans esmoy,
Sur ung cheual trop plus sage que moy,

L'oiseau sur poing, vollant par les montaignes
Courant partout com en plaines champaignes
Lan mil cinq cens et neuf, lors qu'il vaincquit
Véniciens, et ses terres conquit.

Lontemps après le mien seigneur et maistre
Loys douziesme en ce lieu me feit mettre
Taillé au vif, afin que le nom dure
Du plus vray sot quoncques forgea nature.
Sens ne richesse en ce monde n'acquis
Car aussi riche mourrus que je nasquis.

IEHAN. ROBERTET.

Bibl. nat., 7687, fol. 6.

---

12. — GAIGES D'ADAM LAIGRE, AUMONIER DE LA ROYNE ET GARDE DE LA LIBRAIRIE DU ROY AU CHASTEAU DE BLOIS.

On sait que Louis XII, duc d'Orléans, parvenu à la couronne, réunit à la bibliothèque de Blois celle du Louvre, en faisant transporter à Blois les livres de ces deux prédécesseurs, Louis XI et Charles VII. François Ier à son tour, fit à l'égard des livres de Blois ce que Louis XII avoit fait de ceux de ses prédécesseurs. Il les fit transférer de Blois à Fontainebleau, en 1514. Mais en 1517 ils étoient encore à Blois, et cette pièce nous fait connoître le Garde de la Librairie de cette époque : Adam Laigne, dont le nom est resté ignoré jusqu'à ce jour.

Je Adam Laigre, aumosnier de la Royne et garde de la librayrie du Roy, notre seigneur, estant en son chasteau de Bloys, — confesse avoir eu et receu de maistre Jacques Vyart, recepveur ordinaire du domaine de la comté dudit Bloys, la sôme de quinze livres tournois à moy ordonnez pour la garde de ladite librayrie pour le moys de avril, may et juing dernier passez. De laquelle some de xv livres tournois me tiens pour content et bien paié, et en quitte lesdits sieurs recepveur et tous aultres. Tesmoing mon seing manuel cy mys le mardi quatorziesme jour de juillet l'an mil cinq cens et dix-sept.

ADAM LAIGRE.

---

13. — JEAN DE LA ROCHE, IMPRIMEUR A ORLÉANS, IMPRIME POUR ARNOLD RUSÉ, COMMISSAIRE AU FAIT DE LA CROISADE, AU DIOCÈSE D'ORLÉANS.

1517.

En la présence de Viatre Blanchart, notaire juré Roy notre sire au Chastellet d'Orléans, Jehan de la Roche imprimeur d'Orléans a confessé avoir receu de maistre Guillaume Brachet, receveur d'Orléans *absent,* la sôme de six livres tournois qui ordonné a esté par maistre Anthoine *Dervetes* subdelegué par messire Arnol Ruzé, commissaire au faict de la croisade au diocese d'Orléans, et nous prévost d'Orléans contrerolleur, estre paiée et baillée audit de la Roche pour avoir imprimé et fait trois rames de confessionnaux audict diocèse: De laquelle some ledict de la Roche s'est tenu a contant et en a quicté et quicte ledict Brachet receveur dessus dict, et tous autres. Ce fut faict ès présences de Jehan Jénin et Pierre Joignes, tesmoings, le XVIIIe jour de janvier mil cinq cens dix-sept.

BLANCHART.

---

14. — LE SIEUR THERCIEUVE, RÉGENT D'ESCOLLES DES ENFANTS DE FRANCE, REÇOIT 500 ÉCUS D'OR POUR SES BONS SERVICES.

Nous avouons n'avoir rien à dire pour l'instant de ce régent qui nous est inconnu. — Aussi bien le nom de Thercieuve est-il tronqué ou mal orthographié?

1531.

En la présence de Moy Clausse, Notaire secretaire du Roy nostre Sire, Me Thercieuve, secrétaire régent d'escolle de Messeigneurs les enfans du Roy, nostredit Sire, a confessé avoir eu et receu contant de Maistre Jehan Laguette, conseiller dudit Sire, trésorier Receveur général de ses finances extraordinaires et parties casuelles, la somme de cinq cens escuz d'or soleil, dont a esté fait don aud. Thercieuve, pour et en faveur des bons et continuels services qu'il a par cidevant faitz aud. Seigneur, fait et encore continue chacun jour à l'érudition et endoctrinement de mesdits Seigneurs ès sciences et bonnes lettres.

Et ce oultre et par dessus les autres dons, pensions et biens faictz qu'il a par cidevant euz et pourra avoir en après, pour autres semblables causes. De laquelle somme de v^e esc. d'or sol. ledit Thercieuve s'est tenu pour content et bien paié et en aquicté et quicte led. Laguette trésorier des susd. et tous autres, tesmoing mon seing manuel cy mis à sa requeste le 14e jour de décembre l'an mil cinq cens trente et ung.

CLAUSSE.

---

15. — GRATIFICATION DE 100 ÉCUS D'OR A CLÉMENT MAROT AVEC LA QUITTANCE.

Nous croyons cette pièce inédite. Elle nous semble la réponse naturelle à l'une des spirituelles épîtres par lesquelles Marot savoit si bien exposer la pénurie de son escarcelle, et solliciter la libéralité de son royal protecteur.

1531.

Francoys par la grace de Dieu, Roy de France, a nostre amé et féal conseiller, trésorier et Receveur général de nos finances extraordinaires et parties casuelles Me Jehan La Guette, salut et dilection. Nous voulons et vous mandons que des premiers et plus clers deniers provenuz ou qui proviendront des parties casuelles, vente et composition des offices et autres deniers extraordinaires, vous paiez, baillez et délivrez comptant à nostre cher et bien amé varlet de chambre ordinaire, Clément Marot, la somme de cent escus d'or soleil, auquel en faveur et considération des bons et agréables services qu'il nous a par cidevant faiz, et fait encores ordinairement par chacun jour, en son estat et office et autrement, Nous en avons fait et faisons don par ces présentes; et ce oultre et pardessus les autres dons, gaiges et bienffaicts qu'il a par cy devant eus de Nous et pourra encore avoir cy après pour aultre et semblable cause. Et par rapportant ces dites présentes signées de nostre main avec quictance et recognoissance du dict Marot, sur ce suffisante seullement, nous voullons la dicte somme de cent escus soleil estre passée et allouée ès comptes et rabatue de vostre dicte recepte généralle par nos amés et feaulx les gens de nos comptes, auxquels nous mandons ainsi le faire sans aucune difficulté : car tel est nostre plaisir, nonobstant que la partie ne soit couchée en l'estat général de nos finances et quelconques autres causes, restrinctions, mandemens ou deffenses a ce contraires. Donné à Rouen le XIIIe jour de Février l'an de grace mil cinq cens trente et un et de nostre regne le dix huictiesme.

Signé, FRANÇOYS.

Par le Roy, BRETON.

Jointe à cette pièce, la quittance qui suit :

En la presence de moy Delachesnaye Notaire et secret. du Roy nostre Sire, Clément Marot varlet de chambre ordinaire du Roy, a confessé avoir eu et receu comptant de Me Jehan La Guette, conseiller dudit Seigneur trésor[r] et receveur général de ses finances extraordinaires et parties casuelles, la somme de cent escus d'or soleil, auquel led. S[gr] en a faict don, en faveur et considérations des bons et agréables services qu'il luy a par ci-devant faicts et fait encores ordinairement par chacun jour en son estat et office et aultrement : de laquelle somme de cent escus sol. ledit Marot s'est tenu pour contant et bien païé et en a quicté et quicte ledit Me Jehan Laguette trésorier et Receveur général susd. et tous autres : Tesmoing mon seing manuel cy mis à sa requeste le XXIIIe jour de mars l'an mil cinq cens trente et ung.

Signé, DELACHESNAYE.

---

16. — QUITTANCE DE HENRI BONAHAN, TRUCHEMENT DU ROY EN LANGUE TURQUESQUE, 1556.

Nous n'avons vu ce nom de Bonahan cité nulle part.

1556.

* En la présence de moy ..... notaire et secrétaire du Roy nostre Sire, Henry Bonahan, Truchement dud Seigr en langue turquesque, a confessé avoir receu comptant de Me Jehan de Baillon, conseiller d'icelluy Seigneur et trésorier de son espargne, la somme de cinquante livres tournois en testons a XI. s. IIII. d. et pièça a luy ordonnés par led. Seigneur pour la pension et entretennement aud. estat de Truchement durant le quartier de janvier, février et mars mil Vc LVI dernier passé, qui est a raison de IIc l. par an. Et en a quicté et quicte led. Sieur de Baillon trésorier susd. et tous autres. Tesmoing mon seing manuel icy mis à sa requeste le VIIe jour d'avril l'an mil cinq cents cinquante six avant Pasques.

DEVABRES.

---

17. — PIERRE RONSARD, AUMONIER ET POETE FRANÇOIS.

Nous n'avons pas sous la main les derniers travaux publiés sur

Ronsard, de sorte que nous ne pouvons nous assurer si cette pièce est inédite. Nous la donnons cependant.

8 octobre 1563.

En la présence de moy ..... notaire et secrétaire du Roy Me Pierre Ronsard, Ausmonnier et Poete françois dudit Seig. a confessé avoir receu comptant de Me Pierre Deficte conseiller dudit sieur et trésorier de son espargne la somme de trois cens livres tournois en testons à XIII s. pièce, a lui ordonnés par led. Sr pour sa pension et entretenement, durant le quartier de juillet, aoust et septembre mil ccccc lxiii dernier passé qui est a raison de XIIc l. par an. De laquelle somme de III l. led. de Ronsard s'est tenu content et bien payé et en a quicté et quicte led. Deficte trésorier de l'espargne susdit et tous autres, tesmoing mon seing manuel cy mis à sa req. le VIIIe jour d'octobre l'an mil cinq cens soixante troiz.

Signé, NICOLAS.

16.— LE ROY (HENRI III) ACCORDE A PHILIPPE THINGHUY, MARCHAND LIBRAIRE FLORENTIN, DEMEUR. A LYON, DE METTRE OU FAIRE METTRE EN VENTE LIVRES DE DROIT ET AUTRES NON PROHIBÉS, NONOBSTANT QU'ILS AIENT ÉTÉ COMPOSÉS ET IMPRIMÉS HORS DU ROYAUME.

Nous finissons nos extraits par deux pièces qui ne nous ont pas paru dépourvues d'intérêt, au point de vue des règlements de la librairie et de l'imprimerie, au XVIe siècle.

1578, 5 juillet.

Vu par la court les Lettres patentes du Roy données à St Maur des fossez, le cinquième juillet dernier, signées par le Roy Me Jehan Chandon, Me des requestes ordinaire de son hostel, présent Pinart, obtenues par Philippes Thinghuy, marchant Libraire florentin, demeurant à Lyon; par lesquelles est permis aud. Thinghuy, ses facteurs et entremecteurs, mectre et exposer en vente plusieurs livres, tant de loix que autres feuillets non prohibez ni defenduz ; nonobstant quils ayent esté imprimez ou parachevez d'imprimer hors ce Royaume, dont ledit Seigneur le dispense pour les causes contenues èsdites lettres. La requeste présentée à lad. court par led. Thinghuy le XXIe jour dud. moys de juillet, coppie coll. à l'original et aud. lett. patentes obtenues par led. Thinghuy et conferées en lad. court. Le IXe jour de juillet mil Vc soixante dix huict : contenans permission d'imprimer les livres y mentionnés: Appoinctement passé en ladite court le septe dud. moys de juillet mil Vc soixante dix huit, entre, Sébastien Nyvelle, libraire juré en l'Université de Paris, demandeur en requeste d'une part, et led. Thinghuy défendeur d'autre part : le tout de l'ordonnance de ladite court communiqué au Procureur du Roy, ses conclusions sur ce entendues,

Lade court a ordonné et ordonne que lesd. lettres patentes, seront registrées ès registres d'icelle, pour jouyr par led. Thinghuy du contenu. Pour le regard des Livres et volumes de droit et autres livres non prohibez et defenduz, mentionnez en la copie dud. privilege, et lesquels sont a present actuellement achevez et imprimez aud. charges portées par led. appoinctement du septieme juillet 1678, en outre à la charge que led. Thinghuy remectra au premier jour son imprymerie et librairie d'icelle en lad. ville de Lyon, pour là y faire et continuer comme il souloit. Et luy a faict la court inhibitions et defenses d'imprimer ny faire imprimer à l'advenir aucunes œuvres hors du royaume sous peine de confiscation d'iceulx et d'amende arbitraire.

DETHOU. BRARD.

19. — THOMAS DE MAUBEUGE, LIBRAIRE A PARIS, VEND AU DUC DE NORMANDIE UN ROMAN DE MORALITÉ SUR LA BIBLE EN FRANÇOIS.

1349, 24 oct.

Pièce omise à sa date.

A tous ceux qui ces lettres verront, Alixandre de Creveiner, garde de la prevosté de Paris, salut, Savoir faisons que devant nous vint en juge, Thomas de Maubeuge, demeurant à Paris.

Il dist et recognut que il avoil eu et receu de noble et puissant Prince, Mons. le duc de Normandie, par la main de sire Nicolas Birague, son thrésorier, quatorze florins d'or à l'escu que ledit Mons. le Duc devoit pour la vente d'un Roman de moralité sur la bible en françois; de laquelle somme de florins ledit Thomas se tient à bien paiez et en a quitté a tous jours lesdits Mons. le Duc et thrésorier et tous autres à qui quictance en peut apartenir, et promist par sa foy et sur l'obligacion de tous ses biens et de ses titres présens et a venir pour justice, toute instance avoir tenir et garder ceste quictance ferme et stable a tous jours sans jamais aler en contre par lui, ne par autres. En tesmoing de ce nous avons mis à ces lettres le scel de la prevosté de Paris, l'an mil ccc. quarante neuf le samedi vingt et quatre jour d'octobre.

Fol. 145.

II. — RECUEIL BOURDIN.

Nous avons sauvé peu de chose des Lettres Bourdin : recueil dont on a vu l'importance par l'indication sommaire que nous en donnons au catalogue qui précède. Voici pourtant quatre pièces, que nous sommes heureux d'avoir copiées. Cette première est au sujet de la reprise, par le duc de Guise, de la ville de Calais, que les Anglois détenoient depuis 1347. Le roi de Navarre, Antoine de Bourbon, y fait porter ses félicitations à son cousin germain le duc de Guise : c'est qu'à cette époque aucune rivalité, aucun dissentiment n'avoient encore troublé le bon accord de MM. de Guise et de MM. de Bourbon.

---

1. — D'ALBRET MIOSSANS AU DUC DE GUISE.

Félicitations pour la prise de Calais.

Monseigneur, il avoit pleu au Roy ces jours passés m'envoyer devers le Roy de Navarre pour le faire participant des bonnes et heureuses nouvelles qu'il avoit eu de vous, de la conqueste par vous faicte sur la ville de Callais : de quoy le dit seigneur Roy de Navarre avoit déjà esté adverty par une depesche que je luy en avois faicte, et le trouvai (...*illisible*) ayant désia adverty les villes de son gouvernement pour en dresser les congratulations requises, et sur le poinct q'huy mesme en rendoit graces et louanges a Dieu par une procession généralle qu'il faisoit. Il n'est jà besoing Monseig. que je vous narre le grand plaisir et contentement que le Seig. Roy de Navarre receust de telles nouvelles, tant pour la grandeur du Roy, bien et repos de son peuple, que pour la louange et gloire immortelle qui vous en demeure ; de laquelle le Seig. Roy de Navarre est aussi aise comme si le tout luy estoit deu, ainsy que plus emplement il vous faict entendre par les lettres qu'il m'a laissées pour vous présenter, cuidant que je deusse aller retrouver le Roy au camp. A faulte de quoy, Monseigneur, je vous ay bien voulu escripre la présente pour m'acquitter de la créance que le dit Seigneur Roy de Navarre m'a donné pour vous; c'est que vous vous pouvés assurer de son amytié comme de la vostre mesme, et de tout le demeurant qui dépend de sa puissance. Et quant à moy, Monseigneur, je vous supplie tres humblement le croire ainsi, et me conter tousiours au nombre de vos très humbles et très obéissants serviteurs.

J'ai laissé le Seigneur Roy de Navarre à Saintes, s'en allant à la Rochelle visiter la place pour le service de Roy, délibéré de s'en venir incontynant après trouver Sa Majesté la part quelle sera, et la Royne de Navarre aussy, suyvant ce qu'il a pleu à Sa Majesté la prier de se trouver au fiançailles de Monseigneur le Daulfin (1).

Monseigneur, je supplieray le Créateur vous conserver en parfaicte santé et très longue vie, de Paris, ce VI de febvrier 1557. Votre très-humble et très obéissant sereiteur,

J. D'ALBRET-MIOSSANS.

(Autogr. avec scel.)

T. IV, fol. 79.

---

2. — COPIE DE LA LETTRE DE MADAME LOYSE DE SAVOIE, MÈRE DU ROI, A MADAME D'AUMONT.

Au sujet de la dentition de sa petite-fille. François Ier, qui n'eut point d'enfant de sa seconde femme, Eléonore, sœur de Charles-Quint, en avoit eu sept de sa première femme, Claude, fille de Louis XII. Il s'agit ici de Magdelaine, née le 10 aout 1520, qui épousa, le 1er janvier 1536, Jacques Stuart, roi d'Ecosse, et mourut le 2 juillet suivant.

1520.

Ma cousine, j'ay receu les lestres que m'avez escriptes par lesquelles j'ay veu que Madame ma petite-fille n'a point fait plus mauvaise chere des dens quy luy sont persées : elle tient cela du Roy, car il n'en fut comme point malade. Je suis d'advis que vous lui faisiez faire une robbe ou de satin blanc ou de damas, ainsy que adviserez, en actendant qu'on vous envoye autres acoustremens : Et au demeurant continuez a me faire souvent tenir de ses nouvelles Et a Dieu ma

(1) François II, Dauphin, fiancé de Marie Stuart au mois de février 1557, l'épousa le 24 avril suivant.

cousine, qu'il vous ayt en sa garde. — A Cremyeu, le IIIe jour de may. La toute vostre LOYSE.

3.—LETTRE DU ROY FRANÇOIS Ier A MADAME LOYSE DE SAVOIE SA MÈRE, QUAND IL FUST PRIS PRISONNIER.

Parce que l'on n'a pas retrouvé la lettre originale par laquelle François Ier mande à sa mère la nouvelle du désastre de Pavie, on a mis en doute qu'elle ait jamais existé. Cependant le texte que nous en avons nous-mêmes publié dans le *Cabinet historique*, t. 2, p. 142, texte d'ailleurs connu par d'autres publications, avoit bien tous les caractères de véracité. En voici une nouvelle reproduction, sur une copie indiscutable, puisque non-seulement elle est du temps, mais encore la copie même produite devant la Cour du Parlement de Paris, copie dont les registres ont conservé la teneur et que nous retrouvons aussi dans le recueil Bourdin.

Du mardy, 7 mars 1524.

« Ce jour a esté leu au Bureau de la Cour le double ou copie d'une lettre missive escrite et envoyée par le roy a madame, sa mère de laquelle la teneur est telle : »

Pour vous faire scavoir, madame, comment se porte le reste de mon infortune, de toutes choses ne m'est resté *que l'honneur, et ma vie qui est sayne :* et pour ce que en adversité ceste nouvelle vous sera quelque peu de reconfort, ay prié qu'on me laissast vous escrire ceste lettre, qui m'a aysement esté accordé : vous suppliant ne vouloir prendre l'extremité en vous mesme en usant de vos accoustumées prudences, car j'ay espérance à la fin que Dieu ne m'abandonnera point ; vous recommandant vos petits enfants et les myens et vous supplie faire donner le passage pour aller et retourner en Espagne au porteur, car il va vers l'empereur pour scavoir comment il voudra que je sois traité. — Et sur ce me recommande a vôtre bonne grace — De Pavye le lendemain de St-Mathieu.

Votre tres-obéissant fils,

FRANÇOIS.

Au dos : Lettre du roy François Ier a Madame, sa mère, quand il fut prins prisonnier.

---

4. — TRANCHELION A M. LE DUC DE GUISE.

Affaires courantes et diverses.

Guise, 29 decembre 1557.

Monseigneur, le maire de vostre ville s'en va devers vous lequel porte les cédulles que les capitaines ont laissé pour les debtes de leurs souldats qu'ilz ont faict en ceste ville : voz pouvres bourgeois vous supplient très humblement qu'il soit vostre plaisir vouloir commander qu'ilz soyent payés, comme je faiz de ma part, car je leur en ay respondu; ensemble le sieur de Leschelle et moy leur avons presté quelque argent. Il vous plaira monseigneur commander aux trésoriers de ses compaignies de bailler les sommes contenues èsd. cédulles, et si ne faisoit présentement les monstres, que le trésorier retinst lesd. cédulles devers luy pour retenir l'argent contenu en icelles au premier payement qu'ilz feront et que par vostre commandement on bailhe ung rescript et descharge ausd. maire, comme ilz les a receuz, affin qu'il s'en retourne le plus tost qu'il luy sera poussible, car est fort nécessaire en vostre dicte place; et aussy que ne seroit que frais aulx pouvres gens. — Monseigneur je vous envoye les actestations que sont esté faictes par vostre lettre, moy présent, pour le regard des farines du sieur de la Bone, vins et lards. Quant aux farines, vous verrés ce qui s'en treuve par l'actestation, et sy on s'en veult deffaire fauldra deffendre que personne ne cuise plus de pain, qui sera cause d'une grande cryrie des capitaines et souldatz tant de cheval que de pied. Vos dictz bourgeois m'ont monstré une requeste que ilz vous envoyent, aussy les merchans de ceste dicte ville qui ont ces vins *séans* les veullent vandre présentement durant deux moys suyvant leur marché, et mesmes fauldra deffandre que personne n'en vande. Ilz les veullent mectre à beaucoup plus grand prix que ne vallent à présent, que l'année passée où les vins estoient chers et qui leur coustoit d'avantaige que ceste icy : qui sera occasion que cela viendroit à ung bien grand intérest ausdits souldatz et pouvre peuple. Monseigneur, vous en ordonnerez vostre bon plésir, et l'ayant entendu mectray peyne à l'exécuter. Je escriptz à monsieur Bourjois, et luy envoye une lettre de vostre recepveur, lequel luy rend response à ce que luy avoit mandé ledit sieur Bourjois qu'estoit de prendre la charge des admonitions : Monseigneur, il seroit ung grand bien et proufit pour le service du Roy et le vostre d'avoir quelque marchand qui print la charge desd. admonitions car quand seront à luy les gouverneroit beaucoup mieulx et à moings de frais que les bailher ainsy que sont à présent, et trouverez que ainsy en viendra beaucoup plus de frais pour le Roy. Monseigneur, oultre ce que je vous escriptz par icy dessus, ledict maire n'a poinct receu l'argent du pain que avoit esté bailhé pour la compaignie du capitaine Cessac, ny semblablement celuy qui avoit esté bailhé aulx pionniers, ainsin que le commissaire l'a pézé et certiffié : s'il vous pleet Monseigneur vous commanderés que soit payés affin que l'on puisse retourner le bled aulx pouvres gens de qui l'on l'a prins. Monseigneur ces jours passés ay bailhé cinq prisonniers aulx archiers qu'il vous avoit pleu envoyer pour les mener à Compiègne, et en partant Nycolas Fabre me vint dire que durant le siége de Sainct-Quentin qu'il avoit demeuré dix jours dans la tante du conte de Lalain, et que après la ville prinse, luy fust commandé *aller* du cousté de Champaigne pour entendre s'il venoit aulcunes forces du Roy ; et que à son retour, passa par Guise, et qu'il trouvast ung Pierre Sauvaige, estant *casematé* sur les remparts, et luy avoit bailhé ung pourtraict de vostre ville, pour bailher audict Sauvaige, lequel il en debvoit rapporter; et ledict Sauvaige devoit mectre et marcher dessus le lieu le plus foible : — et qu'il a loing temps qu'il le m'eut dict, mais un aultre prisonnier estant d'avant, qui d'aultresfoys avoit passé par ycy, soy disant gascon l'en gardoit, combien que ledict gascon, au partement dut estre celuy qui me l'a dict le premier. Il fault bien dire que, s'il est vray ce que ledict Fabre dict, que ledict Sauvaige est ung fort dangereux homme : j'ay grand craincte que l'aultre qui fust prins par ung de mes souldatz, sur le chemin de Bouchin, qui se vante faire tant de service au Roy, que ledict Sauvaige et luy fussent d'accord ensemble. Car il avoit tous les compas dud. Sauvaige et disoit à ceulx qui le prindrent qu'il le vouloit venir rendre en cest, ville. Je l'ay aussy envoyé audict Compiègne. Monseigneur, vous me commanderez vostre bon plésir auquel hobéiré d'aussy bonne affection que prie le Créateur, Monseigneur, vous donner bonne et longue vie. De Guise ce XXIXe décembre 1557.

Monseigneur, je contis dernièrement au commis du trésorier des fortiffications des deniers qu'il avoit receuz, et de ce qu'il avoit emploié, qui c'est trouvé redevable de quatre escus dix livres, de quoy je vous voulois advertir, mais il m'a prié d'actendre huict ou dix jours, dans lequel temps il rapporteroit lad. somme, ce qu'il n'a faict. Et s'il vous pleet Monseigneur vous en advertiriés son maistre affin qu'il fasse envoyer lad. somme. Aussy avois faict prester aux commissaires de l'artillerye, nommez La Peze et La Treillhe, environ quatre cens livres pour payer les pionniers qui estoient ycy soubz leur charge et ont esté bailhés des deniers du Roy ordonnés pour ladicte fortiffication. Il vous plaira commander, Monseigneur que led. argant et l'aultre nous soyent envoyé, car y est fort nécessaire, car n'avons ung seul liard et peu de moyen pour en retirer ou recepvoir de Rumigny.

Vostre très humble et hobéissant serviteur,

Signé TRANCHELYON.

Au dos : Monseigneur.

—

Sur le second feuillet, se trouve le billet suivant :

Monsieur je vous ay bien voulu escripre ce mot, ayant receu l'estat que Monseigneur de Guise m'a envoyé, par lequel je croy que aud. estat y a quelque obly, car je n'ay pas entendu par ycy devant que on nous bailhe charge de remplir nos compaignies plus hault que de quatre vingts chevaulx, et dans celuy qui m'a esté envoyé dernièrement en y a quatre vingts et dix, paiés vingt à XVI l. et aultres vingt à XV l. et cinquante à XIII l. qui seroient quatre vingts et dix : mais avant que de remplir mad. compaignie desd. dix, d'avantaige vous veux supplier m'en vouloir faire certain.

Mons. je ne crois que là où vous estes à présent, ne vous chauffés giuères mieulx que nous faisons de ce cousté : sy est ce que si mon souhet avoit lieu, vous ariez vostre part de l'aize que nous pourrions partout avoir, non seulement de cestuy là, mais d'ung aussy grand que le sariés désirer et d'aussy bonne affection que je vous vais présenter mes humbles recommandations à vostre bonne grâce, priant le Créateur Monsieur, vous donner ce que bien luy scavés demander. De Guise ce XXIXe décembre 1557.

Vostre très obéissant et bien bon amy

Signé TRANCHELYON.

Au dos est écrit à Monsieur Monsieur Jourdin conseiller du Roy et secrétaire de ses commandements.

III. — COLLECTION DE NOAILLES.

1. — MADAME DE NOAILLES, NÉE GONTAUT, A M. SON FILS HENRI DE NOAILLES.

Nous avons déjà parlé de Madame de Noailles, mère de Henri, principal auteur de la correspondance contenue aux quatre volumes de l'ancien Noailles. Jeanne de Gontaut, fille de Raymond de Gontaut, baron de Gramat, de la branche des Gontaut, comtes de Cabrères, en Quercy, éteinte au XVIIe siècle, et de Françoise de Bonafos, dame de Lentour, avoit épousé, le 30 mai 1540, Antoine, seigneur de Noailles et de Noaillac, baron de Chambres, de Montclar et de Carbonnières, ambassadeur en Angleterre maire et gouverneur de Bordeaux, où il mourut le 11 mars 1562.—Jeanne avoit été l'une des dames de la reine Catherine de Médicis, puis dame d'honneur de la reine Elizabeth d'Autriche, épouse du roi Charles IX et gouvernante de ses filles. Le roi de Navarre, plein d'estime pour le caractère et l'esprit de Madame de Noailles, l'avoit ralliée au même titre de dame d'honneur à la reine Marguerite. La perte des lettres de Jeanne de Gontaut est fort regrettable pour l'histoire du temps, en raison des précieux détails de mœurs et des nombreuses particularités anecdotiques qu'elles contenoient. En lisant le peu de chose que nous avons pu sauver d'elle, ou des lettres à elle adressées, on sent la femme supérieure que les biographes ont bien à tort méconnue ou oubliée.

Des trente-six lettres de madame de Noailles-Gontaut, qui contenoient les tomes III et IV de la première série du Recueil, celle qui suit est la seule que nous ayons sauvée et que nous puissions produire, encore est-elle inachevée. Elle est de l'année 1576, et à l'adresse de Henri de Noailles, âgé seulement alors de 19 ans, fort enclin, à cette époque, paroît-il, à la dépense et au gaspillage, et plus occupé de ses plaisirs que de l'idée de ménager la dot de ses sœurs. Les détails sont piquants.

1576, 10 mars.

Mon fils, je receus le premier jour de caresme votre lettre du premier de fevrier; ce jour mesmes je vous respondis et pensois bailler mes lettres a Mons. de Chateauseau, mais

Masurt trouva ung gentilhomme que le Baron de St.Supplice avoit envoyé devers son pere, en poste, prestà s'en retourner; et asseura ledict Masurt quil seroit dans quatre jours a Larche, qui fut cause qu'il a pris mon paquet, et m'assura quil vous le porteroit fidellement.—Je vous ay respondu a tout ce que vous m'avez escript et davantage vous ay faict entendre de mes nouvelles et de celles de ceste court; et vous diray par ceste cy encores, que yer Mons. du Vialla me mena ung homme quy est d'auprés de Pompadour, qui me dit qu'il n'y a que huict jours qu'il est party de ce pays là et quil vous avoit veu à Larche; que Mons. du Pesche de Ste Bauzire et de Peyrault y estoient, et vous luy dictes que vous luy vouliez bailler ung homme pour s'en venir avecques luy, et vous vouliez aller en Auvergne. — Je ne says comme vous avez entrepris ce voyage que vous scavez quil y a une garnison à Marle, que peult estre qu'ils vous feront ung mauvais tour.—Je vois bien que vous y allez pour racler tout ce qui nous y sera deu, et l'aurez bientost despandu, afin que je n'y trouve rien ! Vous ne ferez rien pour vous, sy vous me donnez ce desplaisir, vous n'y gaignerez gueres et je ne sarois pas suporterque vous prinsiez le revenu de la maison et ne voulussiez pas payer le mariage de vos seurs et vos debtes. Vous asurant bien que du mien, je ne le feray pas.

Vous employez si mal vostre bien que vous en debviez avoir quelque cognoissance, et pansez à ce que vous avez despandu depuis quatre ans, qui ne paroit point ; et ceux qui vous ont servi se sont enrichis. Je ne saurois pas prandre patience que mon bien s'en allast ainsy. Je vous prie ne prenez rien du mien, si n'est pour le m'envoyer. — Il faut payer ce que je doibs avant partir d'icy et sy j'avois de l'argent je feroys estoffer troys lits que j'ay faict qui n'ont ni frange ny rideaux, encore est-il n'y a lict qui ne couste, à les estoffer comme il fault, plus de cent cinquante livres. —

Je doibs cinq cens frans ou plus à Vivien pour les abillemens de votre seur, sans deux cens francs que j'ay respondu pour vous, de quoy il m'a faict ajourner. — Sy vous me voulez croyre vous ne prandrés jamais rien de luy.

N'oubliez pas quant vous m'envoyerez quérir de m'anvoyer deux courtaulx pour mener mon coche. Il fauldroyt trop d'argent pour en achepter deux icy. Je vous envoye des graines de mellons en deux papiers que Mons. l'amiral m'a baillé, quil avoit eu de Provance et de Piémont; et des oignons fort gros des meilleurs du monde. Vous les ferez semer à Lafage et vous direz à Rougier... (*le reste manque*).

T. III, fol. 46.

---

2. — LE S[r] DU RIVO A M. HENRY DE OAILLES.

30 juillet 1585.

Ce qu'ont dit en la maison de St-Flour, le 2e consul de cette ville et le 1er consul d'Aurillac, au sujet du gouvernement de haut-Auvergne. — Défenses du Roy d'obéir à M. de Rendan. — Seigneurie de Chambres.—Le roi les interroge sur M. de Noailles, comme pouvant être pourvu du gouvernement. — Nécessité d'un Papier terrier.

Monseigneur, s'estant présentée l'occasion après avoir longuement discouru avec Monsieur de Lafon présent porteur, de ce qui se passe en ces contrées *touchant le gouvernement de ceste Province*, vous ay bien voulu escripre la présente, et par icelle vous advertir fidèlement que les deux délégués que avons envoyez en court, dont l'ung nommé Mons. *Sauret, second consul de la ville de St-Flour entièrement homme de qualité et licentié ès loix, ensemble Mons. de la Carrière, premier consul de la ville dAurillac, conseiller au siége présidial, de lad. ville, au rapport qu'ilz ont fait de leur délégation en la maison consulaire dud. St-Flour ou estions les esleus des quatre prévostés de ceste d. Province et de ce dit pays: entre autres choses ils rapportèrent que Sa Majesté* deffendoit aux habitans de ces d. pays d'obéyr aucunement au sieur de Rendan (1), laquelle prohibition entendue, lesd. délegués supplièrent sadite Majesté leur commander à qui debvoyent-ils donc obéir? auquelz feust respondu qu'ilz en seroient en brief advertys : et peu de temps après, pourchassant leur despesche envers Mons. de Villeroy, Lad. Majesté leur demanda s'ils cognoissoient le sieur de Noailles, à laquelle ils firent responce, quils avoient bien entendu parler de sa suffisance, mais qu'il n'estoit pas du pays. A quoy Sad. Majesté respondist ces mots, *tant mieulx*. — Et non contente de ce, troys autres diverses foys ès derniers jours avant leur partement, feurent assaillys de mesme langage touchant *vostre personne*: vray est qu'ils n'ont pas rapporté, comme led. s^r^ de Lusan m'a dit bien avoir esté escript, que si quelque chose nous survenoit s'adressér à vostre seigneurie. Tant y a que je voys bien que avec peu de diligence, il ne tiendra que à vous que ne soyez pourveu dud. estat, vous desclairant que ne scaurions avoir mieulx. — Et si cependant se présentoit quelque occasion qui nous prejudiciast, venant de voz cartiers (comme nous craignons) vous supplions trés humblement au nom de tout ce pays qu'il vous plaise nous en donner quelque advertissement affin que ne tumbions en inconvénient, Et tout ce pays vous en demeurera reddevable, mesme au cartier d'Aurilhac qui sont les plus envyés. — Ledit s. de Rendan, conduisant l'avant-garde de Monseigneur du Mayne, est de retour en sa maison avec quelques troupes, faisant estat d'aller assiéger Marenghel avec Mons. de St-Vidal. Toutesfoys il n'est aucunement aproché de la Majesté du Roy.

(1) Jean Louis de la Rochefoucault, comte de Rendan, commandoit en Auvergne les troupes de la Ligue,

Au reste, Monseigneur il vous plaira, pourveoir ***à l'Estat de greffier a vostre Seigneurie de Chambres*** car sans ung greffier ou commis qui soit de la présente ville, bonnement vostre Justice ne peult estre exécutée, d'autant que ceste dite ville est le centre de vostre baronnye de Chambres. Il y a tant de cryeries et de mescontentemens de voz subjectz du passé, que je en ay grand honte et contristence, ayant esgard que fault que la Justice soit éxécutée avec sincérité. J'ay parlé aud. s. de Lafon que si vostre plaisir estoit en pourveoir M. Joseph de Hayniale, que c'est le premier consul de ceste ville, ce vous seroit ung grand contentement et solagement à tous vos subjects, Je n'en parle poinct d'affection, sinon comme mon désir et desseing est que tout aille bien sellon Dieu et ses commandemens, et ainsy en droict. Je supplye le créateur,

Monseig. vous continuer en parfaite santé et heureuse et longue vie et a toute vostre compagnie : de vostre manoir ce pénultième juillet 1585, vostre très humble et très obeissant serviteur.

Signé, DE RIVO.

Monseigneur, vous ne scauriez croire la faute que ce m'est de n'avoir pas eu une coppie de *vostre terriez,* et c'est à tous propos : Je vous supplie en accommoder vostre maison de Chambres, pour vostre profit.

Au dos : A Mgr de Noailles chevalier de l'ordre du Roy.

T. Ier, fol. 326.

---

3. — MESSIRE HENRY DE NOAILLES A LAQUANT.

30 octobre 1591,

Au sujet de la garde de l'église de la paroisse St-Panthaléon.

Capitaine Laquant, Il fault que ceulx du Prevosté qui sont de la Paroisse de St-Panthaléon aident pour quelques jours à faire la garde à l'Eglise dud. lieu, jusques à ce qu'on voye que deviendront toutes ces troupes qui n'en sont pas loing, et qu'on ayt pourveu à arrester les courses de ceulx des garnisons de là auprès ; important fort que lad. Eglise soit conservée pour le profit commun de lad. paroisse : Par ainsy s'ilz vont à vous, dictes qu'il est besoing qu'ils le facent, et que vous ne les pouvés exempter de cela. Aussi la charge n'est elle pas grande, avec ce qu'ilz y ont beaucoup d'interest, et que cella ne pourra pas beaucoup durer : priant sur ce Dieu, Capitaine Laquant vous avoir en sa garde. A la Fage ce 30 octobre.

Vostre fort vray et meilleur amy.

NOAILLES.

Au dos est écrit : Au Capitaine Laquant, au Malemort.

Lettre de Monseigneur de Noailles au Capitaine Laquant du xxxe octobre 1591.

T. Ier, fol. 47.

---

4. — MONSIEUR DE NOAILLES HENRY A LAQUANT.

1er novembre 1591.

Capitaine Laquant, Je vous envoye ung paquet pour le sieur de Loyac à Tulle, que je vous prye luy faire tenir incontinent, affin que j'en puisse avoir responce. Il sera aussy bon que vous faciés tenir prests quelque nombre de ces harquebusiers de vostre populace de ceulx qui seront les plus propres pour s'en servir à quelque effect, et me mander combien je pourray à peu près en faire estat, et n'estant cestecy à aultre subject, Je prie Dieu vous avoir en sa garde : de Larche ce premier jour de novembre.

Il y a une procuration qui importe dans le pacquet que j'adresse aud. Sr de Loyac.

Vostre meilleur et fort seur amy.

NOAILLES.

Au dos est écrit : Au Capitaine Laquant à Malemort.

T. Ier, fol. 47.

---

5. — MONS. DE NOAILLES (HENRY) A MADAME DE MONTCLAR, SA FEMME.

De Lentour, 23 novembre 1591.

A la date de cette lettre, M. de Noailles n'étoit titré que de baron de Montclar et de Chambres, le comté d'Ayen n'ayant été érigé en sa faveur que l'année suivante : il avoit épousé, le 22 juin 1572, Jeanne Germaine d'Espagne, fille de Mathieu d'Espagne, seigneur de Panavac et de Catherine de Narbonne. La terre de Montclar, dont Madame de Noailles prenoit le nom, étoit entrée dans la maison de son mari dès le XIVe siècle, par le mariage de Guillaume de Noailles et de Marguerite, dame de Montclar et de Chambres.

Nouvelles de l'armée. Avec 18 hommes armés il s'en va reconnoître le camp volant de l'armée de la Ligue, qui menace d'assiéger Graniac, etc.

Ma mye, Je vous renvoye ce porteur et vous dis qu'il nous va bien à tous Dieu mercy, et qu'il ne s'est encore rien passé de sanglant; mais je croy qu'on ne tardera guyères à se veoir si les ennemys veullent. Je recongneuz hier, ayant avec moy dix huit hommes armés seulement toutes leurs troupes de bien près, comme ils marchoyent d'Erynac à Graniac où ils allèrent coucher hier au soir avec leurs trois canons. *Mon nepveu que j'avois faict* advancer devant avec trois ou quatre, tira son pistollet à ung à la teste d'ung escadron des leurs de cent chevaulx qui n'estoient encores guyeres esloignéz du reste de leur gros, et celluy de Bordat lui faillist. Ils n'heurent envie de s'advancer beaucoup vers nous, car paroissant avec le peu que j'avois avec moy de l'aultre cousté du vallon, ils n'enfonçerent davantage ledit nepveu, et s'arrestèrent faisant paroistre avoir de l'allarme entre eulx. Ils faisoient estat de passer lès préz dans le bois de Arrue (?) mais ayant opinion que nous les pourrions combattre en gros en ses environs icy, ilz ont changé de desseing et reprinrent le mesme chemin qu'ilz avoient faict du cousté de Temines pour gagner Graniac, où je fuz cause qu'ilz arrivèrent hier au soir trois heures de nuict. Ilz menassoient fort ceste maison de l'assiéger, qui fust cause que je y envoyai, il y a trois ou quatre jours, des gens et que je voulus m'y rendre hier moy mesme avant le jour, mais ilz ont bien congneuz qu'il ne falloit pas qu'ilz s'y frotassent. Je monte tout ast'heure à cheval et avant le jour, après avoir couché céans pour aller retrouver nostre gros à une lieue d'icy, assez près de Lobersac et crois qu'il se pourra passer aujourd'huy quelque chose. Je n'ay loisir de vous en dire davantaige ny d'escripre à personne. A Lentour ce sabmedy avant jour 23 novembre 1591.

Au dos : Copie de lettre escripte par Mons. de Noailhes à Mme de Monclar, de Lentour 23 nov. 1591.

T. Ier, fol. 55.

6. — MONS. DE NOAILLES (HENRY), A MONS. DE SEDIÈRES, SON BEAU-FRÈRE.

27 novembre 1591.

Marthe de Noailles, la huitième des enfants d'Antoine de Noailles et de Jeanne de Gontaut, avoit épousé, le 17 mai 1571, Pierre, vicomte de Sedières, chevalier de l'ordre du Roi. — Même sujet que la précédente.

Frère, Je vous avois escript hier mattin ce mot, pensant que Mons. de Favars s'en deust retourner, mais il a changé despuis d'oppinion par l'advis de ses amis, et n'y a point heu de regret pour avoir particippé à ce qui se passa deux heures après, et que vous entendrez par ce que j'escriptz à la *femme* (1), et dont je luy mande de luy faire aller promptement coppie. Jugés si Dieu nous a favorisés d'avoir faict une telle defaitte, et où il n'y avoit pas la moitié de nostre cavallerie et de leur assiéger ceux qui pensoyent assiéger les autres, pensés si nous sommes empeschez à noz deux siéges, tenans tous ces Messieurs assiégés dans deux diverses plasses! Faictes remercier Dieu généralement de ceste bonne journée là. MM. d'Aulbeterre et de la Force se joignent à nuict à nous. Vostre filz se porte bien et fust à la charge avec nous.

A Canis ce mercredy matin XXVIIe nov. 1591.

Je pensois, mons. mon frère que ma lettre de hier fust encore icy, mais elle s'est trouvée partie et j'adresse ce billet à la femme pour vous en renvoyer avec coppie de ce que je luy mande.

Au dos est écrit : Copie de la lettre escripte à M. de Sedières par M. de Noailles, à Canis ce XXVIIe nov. 1591.

T. IX, fol. 46.

(1) C'étoit la formule de Henri de Noailles en parlant de sa mère et de son épouse : *J'escrips à la mère, j'escrips à la femme.*

7. — MONS. HENRY DE NOAILLES A MADAME DE MONTCLAR SON ÉPOUSE.

Il lui fait le récit d'un avantage signalé qu'il vient de remporter contre les troupes réunies de MM. de Villars et Montpezat.

29 novembre 1591.

Ma mye, j'escripvis hier matin assés au long à la mère, par Joandilhon, qui avoit charge de prendre son chemin par vous et de vous faire voir sa despeche. Maintenant je vous dirai que le reste de la journée nous fut sy heureuse qu'à la grâce de Dieu nous joignismes deux heures après Mons. le marquis de Villars et de Montpezat frères et toutes leurs trouppes; et si, n'avions nous pas la moytié de nostres, parce que comme nous partismes du rendés vous, elles ne y estoient pas encore toutes arrivées : et ayant advis que les leurs passoyent à une traverse, à ung cart de lieue de nous, pour gaigner les ports de Sonilhac et Lansac, et ayant laissé leur artillerie à Roquamadur, nous advisasmes, affin de ne perdre l'occasion de les rencontrer, d'aller à eux, avec ce qui s'en trouva là venu, et marchasmes si viste que ce qui estoit arrivé audict rendez-vous d'infanterie n'eust moyen de se trouver. Lorsque nous allasmes à la charge, leur cavallerye fist quelque contenance d'attendre, mais à la fin tout se mist en fuitte, et laissèrent leur infanterie en proye, qui se rendirent dans un vallon entre deux rochiers, où ilz se firent bien achepter, mais tout y demeura jusques au nombre de quatre cens.—Quant à lad. cavallerye ils furent poursuivis si vivement que nous en tenons assegiés les bons dans le chasteau et fort de Peyrac, et les autres dans celluy de St-Proist, demy lieue plus avant, où est led. sieur marquis, et encore son frère, comme on a assuré, et attendons aujourd'huy de l'artillerie pour les battre. Voyla comment ceux qui avoyent dessein d'entreprendre tant de siéges et diverses provinces se trouveront assiégés eux mesmes, qui est ung vray et juste jugement de Dieu, et vous prie de le remercier avec nous de la grâce qu'il nous a faite, et de ce que tout cecy est advenu sans avoir faict perte que de fort peu de gens; n'y estant mort qu'un honneste homme qui commandoit aux harquebuziers de M. de Devéze, le pauvre Moherin, troys ou quatre sergens et environ vingt harquebusiers et Mons. de Meyraz, frère de Mons. de Montmesc, fort blessé et en danger de mourir, qui est un très grand dommaige. La plupart de ceux-là furent tués lorsqu'on enfonça leur Infanterie au lieu où elle s'estoit retirée. Vous entendrez mieux et plus particulièrement cy après comme toutes choses se sont passées, n'ayant heure la vous faire plus longue, pour ne tarder d'avantaige à vous donner cest adviz, afin que la Mère ny Vous, ne soyez en peyne de nous: et vous prie de faire courir ceste bonne nouvelle à tous les nostres qui s'en peuvent resjouir, mesmes à l'oncle et au beau frère, leur envoyant copie de cecy, avec un mot que j'escripvis hier au matin audit beaufrère avant l'advenue. MM. de la Force et d'Aubeterre se joignent à nuict, et nous nous sommes si empeschés après nos siéges qu'il ne me reste loisir. Adieu. — de Canis, entre Peyrac et St-Proet, le mercredi vingtseptiesme novembre 1591.

J'oubliois à vous dire que nous tenons assiégés soixante mestres dans Peyrac, et presque quarante dans St-Proet.

Au dos est écrit : Copie de nouvelles escriptes à Madame de Montclar, par M. de Noailles, de Canis ce XXVIIe novembre 1591.

Tome Ier, fol. 53.

8. — HENRI DE NOAILLES A MADAME SA MÈRE.

Au sujet de la mort de M. de Biron — de M. de Lavauguyon, bruits de la prochaine arrivée de M. de Montpezat et de ses Espagnols. — MM. de Joyeuse et d'Espernon. La terre d'Ayen incommodée par les gens de guerre. Madame d'Escars.

Peynières (?), 4 aoust 1592.

Madame, J'ay receu vos trois lettres a la foys au retour du mulletier Merle et porte beaucoup de poinne de la nouvelle qui continue de tous costés de l'accident arrivé a Monsieur le Maréchal de Biron (1), qui seroit une merveilleuse perte pour toute la France et particulièrement pour ses parents et amys, et seroit doublement a regretter si la paix estoit venue sur cela, dont toutefoys il court plutost bruit de dessous quelle soit rompue que faicte. L'infortune du pauvre Mons. de Lavauguyon qui n'avoit que ce seul fils est bien aussi a déplorer; mesmes estant arrivée par ie ne scay quel désastre non ouy. Voyla comment les subjects moings attandus nous privent bien souvent de ce que nous tenons le plus cher : les nostres ne se proménent guyere que l'on n'y preigne garde, mais ils sont a la main de Dieu et nous aussy. Des gens qui sont venus de Thoulouze assurent que M. de Montpezat s'advance avec ses espaignols, qui sont en bon nombre, et me mande on que son frere l'est allé requeillyr sur la frontière. Il n'y a rien plus vray que Mons. de Joyeuse a defaict quelques gens de Mons. d'Espernon à un siège que M. de Themines avoit entrepris à quatre lieues de Montaulban, avec l'infanterie dudit sieur d'Espernon qui estoit allé avecq sa cavallerye veoir sa mere, qu'il trofva morte, et auparavant il en avoit eue une dudit seigneur de Joyeuse.

(1) Tué au siége d'Epernay, le 26 juillet 1592.

J'ay toujours creu que la terre d'Ayen seroyt fort incommodee de cette garnison de *Dallom* (d'Aillon?) et si Mons. de Sauvebeuf (1) qui peut beaucoup en cela, comme deppandan de lun... Ceux qui y sont ny peuvent pourveoir. Je ne scay par quel moïen j'en puisse avoir, si ce n'est que toute la terre leur face au pis et s'arme pour courre sus lorsqu'ils y entreprendront quelque chose ; car user de priere ny davantage de recommandation à ces gens là, ce ne seroit que temps perdu. Ce sera bien sans doubte que l'oncle en vouldra mal à Perrichon et feroit bien d'ampescher tout cela s'il en a le moyen. Madame D'Escars ne perd pas temps et n'oublie pas à ce que je veois la poursuitte de sa prinse d'Essydeuilh, je me doubte bien que puisquelle avoit envie de m'aller sercher a la Faige, sy j'y eusse esté, quelle debvoit m'employer en quelque chose. Se sont gens... *inachevé.*

T. I, fol. 58.

---

9. — MONSIEUR DE NOAILLES (HENRY) A MONS. LEVESQUE D'ACQS, GILLES DE NOAILLES SON ONCLE.

(Fragment.)

30 décembre 1595.

Monsieur, vous scaurés l'occasion pour laquelle cest honneste homme appellé le sieur Ciégé est despesché de vostre cousté, et l'entendrés aussi assés particulièrement par une lettre de M. de Glany que je receus il y a un jour ou deux, dont vous aurés icy copie et cognoistrés quels sont les artifices de Mons. de Boyssyse pour empescher ou retarder l'exe-

(1) Jean-Pierre de Sauvebeuf, frère de celui dont il est ici question, avoit épousé, dès le 24 janvier 1561, l'aînée des sœurs de Henri de Noailles, Marie, née le 3 janvier 1543 — et remariée le 21 février 1572 à Joseph s[r] de l'Art et de Goulart.

cution de la bonne volonté du sieur de Cros envers la Province... *inachevé.*

T. Ier, fol. 84.

---

10. — LE Sr GODARD, PRÉCEPTEUR DE M. FRANÇOIS BARON DE NOAILLES, A MONSEIG. LE COMTE DE NOAILLES.

Bordeaux, 8 décembre 1598.

Très-curieuse épître, dans laquelle le sieur Godart mande de Bordeaux, à M. de Noailles, des nouvelles de ses deux enfants. Fait un récit des mœurs et du caractère dudit François, baron de Noailles, — de son progrès dans l'étude, — et de François, son frère, qui commence à pincer le luth.

Monseigneur, je n'eus jamais désir plus grand, ni volonté plus résolue que celle que j'ay tousjours eue de faire la charge, que vous m'avez commise en vostre service de telle sorte que ma conscience en fust acquittée, et que vous en fussiez bien servi. Si cela a esté résolu d'affection, aussi il a esté exécuté de fait, autant qu'il m'a esté possible : n'espargnant en façon quelconque ni conseil d'esprit, ni travail de corps, pour le bien de l'exécution de Messieurs voz enfans, et mesme de Mons. le Baron, qui estant le plus aagé, et aussy le plus capable de recevoir les enseignemens qui concernent les bonnes lettres et les bonnes mœurs : où je vous peux asseurer, Monseigneur, qu'il s'est comporté tellement jusques ici, qu'il a fait son bien et son honneur, que j'en ay eu beaucoup de joye, et que ceux qui le connoissent en conçoivent une belle espérance, qui leur fait croire qu'il doit estre à l'avenir bien accompli en toutes qualités, requises en ung vray et parfait gentilhomme. Car pour le regard de ses estudes, il combat de jugement des plus aagez, de labeur les plus paisibles, et de doctrine ceux qui sont les plus avancez parmi ses compagnons de classe; Et mesme ces jours passez estant allé visiter Mons. de Cessac qui l'interrogea et discourut avec luy sur ses livres de classe environ une heure et demie, il parla si à propos, que mondit s. de Cessac luy en donna beaucoup de louanges: et entre aultres, qu'il y avoit beaucoup d'hommes aagez de cinquante ans qui toute leur vie avoient fait profession des lettres qui n'eussent pas sceu dire ce qu'il disoit, ni parler si pertinemment. Si par cela vous pouvez cognoistre, Monseigneur, combien il proufite aux estudes. Je vous peux aussy asseurer que d'aultre part ses mœurs sont fort recommandables, pour avoir la crainte de Dieu devant les yeux, et la révérance qu'il vous doit, avecque toute l'obéissance que vos commandemens *peuvent réquérir de luy, bien engravée en son âme*. Ce qu'il fait assez paroistre par la fascherie et trouble d'esprit, où il a esté et est encore à présent, ayant connu que vous n'aviez point agréable ce qui s'estoit passé par deça, pour raison de quelques despenses, faites que je crois pour les habits. Car je n'en sçay point, Monseigneur, qui ayent esté faites ailleurs, sinon avec nécessité et toute mesnagerie. Mais je vous supplie, Monseigneur, que si rien s'est passé en cela, qui soit moins à vostre gré, d'en rejetter entièrement la faute sur moy, qui néanmoins pensois, le tout pour le mieux, et tellement médiocres les vestemens qu'ilz feussent tout ensemble assez simples et assez honnestes, ayant esgard au rang de vostre maison, à l'occasion de la ville et des visites qui se font ordinairement. Ce que je croy, Monseigneur, que vous jugeriez estre tel, quand vous auriez veu ce qui en est. Monsieur Charles n'a point eu encore d'habits neufs depuis qu'il a laissé le deuil. Le meilleur (dont le pourpoint est de satin et les chausses de velours ras) est encore fort bon et bien honneste pour porter les festes et dimanches, mais l'autre qui est de taffetas s'en va tout usé. Il seroit donc nécessaire, Monseigneur, de luy faire avoir ung accoustrement pour tous les jours et d'estoffe propre pour l'hiver. Sur quoy je vous supplie de faire entendre vostre volonté et de pourveoir, s'il vous plaist au quartier de la pension qui courra dès le premier jour du mois prochain. Monsieur Roverteau estant par deçа acheta ung lut à mons. Charles, qui commence d'apprendre à le pincer. Puisque c'est vostre bon plaisir de retirer des escoles M. le Baron a l'issue de sa première classe et que je l'accompagne, je feray résolution conforme à vostre volonté, et courray jusques au bout, Dieu aidant, la carrière commencée, mettant toute autre considération après celles de vostre service; soubz espérance que vous jugerez un tel zèle d'affection digne de quelque récompense, pour laquelle mériter se mettra en tous bons devoirs pour vostre service, Monseigneur, vostre très humble et très obéissant serviteur.

GODARD.

De Bordeaux, ce 8e de décembre 1598.

Au dos : A Monseigneur, Monseigneur le Comte de Noailles.

T. Ier, fol. 444.

---

11. — JEAN DORAT A MESSIRE HENRI DE NOAILLES.

On a fort peu d'autographes des gens de lettres du XVIe siècle. Celle-ci est de l'aîné des trois Dorat qui se signalèrent par leurs poésies aux XVIe et XVIIe siècle. Jean Dorat étoit poëte et lecteur public du Roy. — Il envoie les devises à peindre en l'enseigne et guidon de la compagnie du jeune Noailles. (Sans date.)

Monsieur, je pensois vous aller veoir à ce matin, mais le service de l'Eglise m'a empesché, cependant je vous envoye ce que j'ay avisé depuis hier.

Pour la cornette :

Ne faulte peindre qu'une grande estoile jectant rayons de feu vers Orient comme une comète. Et ce je prends, tant de l'estoile qui conduisit les trois Roys, que de l'estoile qui apparut sur Jule, fils de Caïe, prédisant le grand heur qui devoit advenir à la race dudict Jule, duquel descendit Jule Cœsar: aussi signiffioit lad. estoile que nuls ennemys ni dangers marins ou terrestres luy pourroient nuire. Quant à vous, l'estoile signifiera la faveur de Dieu et du Roy : le mot est :

HOC DUCE QUID METUAM?

Quant à la banderolle où le mot est :

QUÆ VITAM, VIM DAT IN HOSTES,

Je n'ay trouvé rien meileur pour l'exprimer que ce que je vis hier, à scavoir le canon où une flamme venant du ciel met le feu. Et ne faut craindre qu'on le prenne autrement puisque la flamme est venante du ciel. Nulle autre chose pour le présent, sinon que je prie Dieu vous donner, Monsieur, ce que vous est nécessaire.

Le tout vostre très humble et très obéissant serviteur.

IEHAN DORAT.

Au dos est écrit : A. Monsieur, Mons. de Noailles. Monsieur Dorat.

T. II, fol. 235.

---

12. — RELATION DE L'EXPÉDITION QUE FIT M. DE NOAILLES CONTRE LE SIEUR MERVILLE.

Poursuites contre le Sr Merville, accusé de concussions violences et exactions dans l'Auvergne.

Les concussions que Merville a exercées dans l'Auvergne

et les courses qu'il y faisoit pour dresser des ambuscades à M. de Noailles l'ont obligé d'assembler de ses amys pour le pousser loing de là. Ayant donc assemblé pour ce dessein environ huict cens chevaux *et huict vingts hommes de pied, led. Sr de Noailles seroit party* avec ces troupes le vingt troisiesme avril pour aller droit à Merville. Lequel estant adverty de ceste résolution, et l'ayant mesme appris par des lettres qu'il fist détrousser à un messager dud. Sr de Noailles, il songea à prendre une retraite asseurée. Et pour cet effet *il treuva moien de surprendre le fort de la Capelle Baniac* (1), *où led. Sr de Noailles* l'auroit suivy, et après avoir demeuré trois jours devant... Merville fust contraint de desloger par capitulation. Tout cela se passa sy heureusement que de toute la trouppe de monsieur de Noailles il n'y eust qu'un cheval de blessé, et bien peu, un trompette et quelque autre soldat de blessés

T. II, fol. 239.

---

13. — MONSIEUR DE SAINT-CHAMANS A MONSIEUR DE NOAILLES (HENRY), SON COUSIN.

Dernier Juin.

Au sujet du recouvrement de Malesse.

Aiant sondé si j'aurois moien vous faire recouvrer Malesse, ay trouvé que ceux qui sont dedans me tiennent le bec en l'eau, attendant d'avoir recuelly les grains; et n'en vois d'aultre que de vous apporter avec cinquante chevaux, ou encore moins, avec cinquante ou soixante soldats, avec laquelle compaignie j'espère que l'emporterons ou pour les moins ne leveront la *cuelhotte:* les gens de cheval seront pour faire teste à

(1) La Capelle Banhac, cant. de Figeac (Lot).

ceux de Merle qui ne les viennent secourir, car d'ailleurs ilz n'attendent secours. Mesmement si escrivez à madame de Miramont laquelle m'a assuré de ne leur donner faveur aucune. Monsieur le comte de Ventadour me dict avoyr cassé les compaignies des capitaines Reynié et Chambon, desquelles pourrés prendre les choys, et d'aultre part si on estoyt prest nous avons ravitaillé à St-Privat qu'est ung fort, bon à la veüe, et portée de deux arquebusades dud. Malesse, là où vous vous pourrés loger. Monsieur de *Soduré* et moy en parlames à Puideval lundy dernier, lequel trouva bon ce dessein. En cella et toutes choses que me seront possibles, je m'employeray pour vostre service, mais me semble que le plustost sera le meilleur. Je mettray fin à ceste cy pour saluer vos bonnes graces et mes humbles recommandations et supplie Dieu, Monsieur, vous donner très heureuse et longue vie — à *Sernière* ce dernier juing. Vostre très humble et obéisants cousin à vous faire service.

Signé : DE SAINT-CHAMANS.

Je vous envoye une glorieuse lettre de Durieu, à présent Sieur de Malesse.

Au dos : A Monsieur mon cousin, Monsieur de Noailles, à la Fage.

T. II, fol. 237.

---

14. — ADAME LA COMTESSE DE QUEYLUS A MONSIEUR DE NOAILLES.

Elle parle de l'action indigne faite contre les gens de Madame du Monastere, et contre le sieur de la Bare, surquoy Mrs les Juges criminels et advocat du Roy à Villefranche ont fait leur devoir jusqu'à ce que le Parlement de Thoulouze leur a osté la connoissance de ceste cause.

9 Janvier 1614.

Monsieur,

Je me doutois bien que la rigueur de ce temps estoit cause que personne ne pouvoit marcher par la campagne pour pouveoir vous aporter des nouvelles de la cour, car suyvant ce qu'il vous avoit pleu me mander par la Vergne, jesperois avoir l'honneur de scavoir plustot de vos nouvelles, lesquelles le sieur Vigier la Combe m'en a dit toutes les particularites, et fait voir copie des principalles lettres quil vous a aporté. De quoy je vous remercie tres humblement; mais la plus agréable nouvelle qu'il ma ditte c'est que vous et *messieurs vos enfans* vous portés bien, de quoy j'en loue Dieu et le prie de tout mon cœur de vous y vouloir longuement conserver.

Au reste, monsieur, nous sceusmes tout aussy tost ce mal heureux acte qu'on avoit fait aus gens de Madame du Monastere et au sieur de la Barre. Elle n'a manqué a l'instant de se pourvoir vers messieurs de la justisse pour y faire leur devoir, ce que messieurs les juge criminel et advocat du Roy ont fait, estant maintenant inhybés d'autorité de la Cour de Parlement de Toulouse. Je vous assure, monsieur, qu'ung chascung trouve fort estrange ceste action quy mérite une grieve punision, et ay veu les volontés de tous les messieurs de ce siége, toutes portées à servir et *honorer monsieur vostre fils*, à cause de l'emprisonnement et rétention dudit sieur de la Barre. Pour moy, Monsieur, vous scavés combien je vous suis servante et de tous les vostres, et qu'il n'y a occasion en laquelle je vous puisse tesmoigner ce mien desir que je ne m'y employe de toute mon affection, non seulement en Auvergne, mais jusques au bout du monde, et qu'il n'y a saison ny rigueur du temps quy m'en empesche, comme vous en asseurera plus particulierement ledit sieur de la Combe et qu'il n'y a personne au monde quy vous honnore plus que moy, ny quy soit plus, Monsieur, Vostre tres humble cousine, commere et obeissante servante

DELPUY.

P. S. Monsieur, j'atens des nouvelles de monsieur de Pestels par le sieur du Fau et s'il me mande de l'aller trouver je n'y manqueray, comme jay dit, plus partyculierement a monsieur de la Combe.

De Ville-Franche ce neufviesme Janvier.

Au dos est écrit : Madame la comtesse de Queylus, à monsieur de Noailles, son cousin et compere.

Les de Queylus, et plus récemment *Caylus*, descendoient de la grande famille des Lévi. L'auteur de la lettre que nous donnons ici, qui se signe *cousine* de M. de Noailles, étoit vraisemblablement la mère du marquis de Caylus, époux de la célèbre nièce de madame de Maintenon.

T. x, fol. 82.

---

15. — EXTRAIT DES REGISTRES DU SIÉGE PRÉSIDIAL DU BAS-LIMOUSIN.

22 may 1610.

Sentence rendue par les Juges du Présidial du bas Limousin au siége de Brive, au sujet de la prise de Verneuil. Décret de prise de corps contre le Sr de St-Bonnet et ses complices.

Entre le procureur du Roy du présent siége demandeur, poursuivant un crime de lèze Majesté et une contrevention, inhibitions aux édits et ordonnances royaulx, d'une part,

Léonard d'Escars seigneur de St-Bonnet, le Sr de la Perche son frère, le chevalier de Chabrinhac, chevalier de la Noallie, ung nommé Mazerat du lieu de Bourdeillie, autre nommé Charles Chonniac, autre nommé Guingarellet de St-Bars et ung nommé Pierre des Moyne et autre Petit Jehan Chaufouru fils à feu Nardon et autre nommé Petit Jehan de Monseu Jehan, ung autre nommé Pyer Tailreu du lieu de la Gratière, et autre nommé Léonard cordonnier, Henry de Rofignac, le seigneur de la Mouthe de Lassac, nommé Henry de Rofinhac le Sr de la Forest de Cony nommé Plassos de Perigort; autre nommé Glaude Lagniac, dudit Sr de Rouffiniac et Pierre du Seillier dict Rigauld d'Allassac, deffendeurs et accusés, d'aultre.

Veu les charges et informations faites sur leurs contraventions de inhibitions aux édits et ordonnances royaulx et crime de lèze Majesté, à la requeste dudit procureur du Roy des dixneufviesme et vingtiesme may par Me Jacques de Feux, conseiller assesseur en la Vi-Sénechaucée avec le procès verbal fait par devant icelluy desd. jour, mois et an susdits conclusions du procureur du Roy :

Les gens tenans le siége présidial estably pour le Roy pour ce bas pays, en Limozin, en la ville de Brive-la-Gaillardie (*sic*) retenant la cognoissance de la cause pour la juger en dernier ressort, ont declaré et déclarent la matiére prévostable, comme estant question de port d'armes à feu, crime de lèze Majesté : ensemble illicites prinses de forts contre les édits et ordonnances du Roy, ordonnent que lesd. S^{rs} de St-Bonnet, Sieur de la Perche son frère, le chevalier de Chabriniac, le chevalier de la Noallie, ung nommé Mazerat du lieu de Bourdeille, autre nommé Charles Chouniac de St-Ybart, autre nommé Guingarellert dud. de St-Ybart ; ung nommé Pierre des Moynne, autre Petit Jehan Choufouru fils a feu Nardon, autre nommé Petit Jehan de Moussen Jehan, ung nommé Pierre Tailreu du lieu de la Grutière, ung nommé Léonard cordonnier, de Rofinhac S^r dud. lieu et de St-Germain, Henry de Rofinhac, sieur de la Mouthe son frère, le Sr de la Forest, ung nommé Plassot de Perigort et un nommé Glaude Lagniac du Sr de Rofinhac, Pierre du Seillier dit Rigauld d'Allussac,—Seront prins au corps et apréhandés, pouvant estre èsdits noms assignés a comparoir en leurs personnes : ausquels le procés sera faict extraordinairement, suivant l'ordonnance, par l'assesseur du visénéchal pour ce fait : — ou à faulte de ce faire, estre procédé comme il appartiendra, despens réservés. — *Signé*, Dumas, lieutenant général : de Faulcon lieutenant général criminel : Mailler Serliac premier conseiller, Beynete Mailriard de l'Estang, Seguin du Puy et Salles. Dit et prononcé à Brive, au siége présidial, le vingt deuxiesme de may mil six cens dix. *Signé* Rivière, commis du greffier.

« Ceste grosse a esté prinse sur une autre grosse signée dud. Rivière, ainsin signée, Soutourcy, commys du greffier. »

Collationnées ont esté ces présentes par nous notaires royaulx soubsignés sur une grosse et extrait signé du susdit Soutourcy commis du greffier à nous à ces fins présentées par hault et puissant seigneur Messire Henry de Noailles, comte d'Ayen, et à sa réquisition, qui a dict luy estre nécessaire : lequel après a retiré devers luy led. extrait et s'est soubz signé. Faict et collationné au. . . . . . de . . . . . ce jourd'huy deuxiesme juing après midy mil six cens et dix.

Signé : Noailles, qui ay retiré led. extrait : — Alexandrie, notaire : de Fregeac, notaire royal.

Et au dos est écrit : Copie de sentence donnée au presidial de Brive, sur la compétanse de la prinse de Verneuil contre lesd. de St-Bonnet, etc., etc.

T. II, fol. 37.

---

16. — LES CONSULS DE SAINT-FLOUR A MONSEIGNEUR HENRY DE NOAILLES.

5e 7bre 1615.

Monseigneur, nous avons receu la vostre et dans vostre pacquet celle que le Roy nous escript. Nous avions cy devant receu aultre lettre de Sa Majesté contenant memes commandemens pour l'effect desquelz nous avons faict faire exacte garde, et prins garde à ce que rien ne se passe au préjudice du service du Roy, que s'il se passe aucune chose qui mérite de vous estre communiqué, nous ne manquerons, Monseigneur, de vous en donner advis.

Nous avons conféré avec le porteur de la présente et communiqué tout ce qui s'est passé pour les *assemblées* qui se font en ceste province, dont toutes fois nous ne sommes esmeuz, d'autant que nous jugeons que c'est pour le service du Roy, et que personne ne paroist en campaigne ainsi que plus particulièrement le porteur vous pourra faire entendre, et vous avoir desiré tout bonheur nous restons, Monseigneur, vos plus humbles et plus obéissans serviteurs.

Les consuls de la ville de St-Flour,

CONTE.

A St-Flour, le 6e 7bre 1615.

Au dos est écrit : A Monseigneur, monseigneur de Noailles bailly et lieutenant général pour Sa Majesté en l'hault pays d'Auvergne.

T. II, fol. 136.

17. — ISABELLE D'ORLÉANS, COMTESSE D'ALAIS (1), A M. LE MARÉCHAL DE NOAILLES (ANNE-JULES).

Avant de mourir, Madame d'Angoulême lui a donné le comté d'Alais. — Elle lui demande son appui contre les exactions du sieur de St. Auban.

Monsieur mon cousin. après le déceds de Madame d'Angoulesme qui m'a donné le comté d'Aletz, Je me suis particulierement appliquée a y faire administrer la justice par des gens de probité : et ayant receu diverses plaintes contre le nommé St.Auban, juge d'appeaux de la ville d'Aletz, j'ay fait ce qui m'a esté possible pour luy suspendre l'exercice de sa charge, du moins jusqu'a ce qu'il fust entierement purgé de decrets de prise de corps que le parlement de Toulouze a donnéz contre luy : il a cherché de l'appuy auprèz de Monsieur le Prince qui peut-estre vous en escrira, s'il ne l'a desja fait, et il se flatte mesme de vostre protection, fondé sur ce que vous estes logé chéz le Sr Desplain son amy, président en la Cour des aydes de Montpellier. Je ne croy pas qu'un homme comme St Auban, convaincu de diverses concussions et violences il y a plus de dix ans, trouve un azile souz vostre autorité pour eschapper à la justice du parlement de Toulouse : et affin que vous ne puissiez pas estre surpris, j'ay estimé à propos de vous exposer les choses comme elles sont croyant que cela estoit suffisant pour obte-

(1) La seigneurie d'Alais étoit entrée par acquisition au XVIe siècle, dans la maison de Montmorency. Le connétable Henri, en mariant sa fille Charlotte, l'an 1591, avec Charles de Valois, fils naturel de Charles IX, duc d'Angoulême, lui avoit donné en dot le comté d'Alais, et son fils François de Valois étant mort sans enfants de Louise-Henriette de la Chartre, celle-ci avant de contracter une nouvelle alliance s'étoit démise du comté d'Alais en faveur d'Isabelle-Charlotte d'Orléans, des mains de laquelle le comté entra dans la Branche des Bourbons-Conti.

nir de vous, Monsieur mon Cousin, ce que j'espere de vostre justice et de vostre civilité, estant avec une estime toute particuliere vostre tres affectionnée cousine.

ISABELLE D'ORLÉANS.

M. le duc de Nouailles, d'Alençon ce 23 *sept*. 1683.

T. IV, fol. 102.

---

18. — MADAME LA PRINCESSE DE CONTI (1), A M. LE MARÉCHAL DE NOAILLES.

Ce 9e février.

Elle le raille de son peu d'exactitude à écrire. — Nouvelles de la cour.

Vous avés bien fait, Monsieur, de me faire des excuses vous mesme du temps que vous avés esté sans m'escrire : les compliments que jay receus de vostre part ne m'empescheront point de le trouver fort mauvais; mais puisque vous vous estes mis à vostre devoir il faut vous pardonner. Je ne scay qui est l'amant dont vous m'envoyés une chanson; j'en connois plus d'un avec vous capable de faire des vers et de la musique, et je les croy tout aussy capables de se consoler de l'absence des personnes quils aiment le mieux.— Il ny a pas beaucoup de nouvelles à vous mander : on parle fort de guerre un jour : le lendemain on est tout aussy seur de la paix, et selon les apparences on ne scait encore ce qui en

(1) Marie Anne, légitimée de France, fille de Louis XIV et de Madame de la Vallière connue sous le nom de *Mademoiselle de Blois*, épousa Louis Armand de Bourbon, prince de Conti, en janvier 1680, dont on connoît la vie agitée. — La beauté, l'enjouement et les grâces de la jeune princesse ont été l'objet des louanges de Lafontaine et de Madame de Sévigné.—Le recueil ne contenoit que cette lettre de madame la princesse de Conti.

sera. Nous avons eu ces trois jours-gras des bals qui m'ont fort enuyé : il ny avoit pas beaucoup de bonnes danceuses ; la Comtesse d'Estrées estoit des meilleures, quand, par hasard, elle se trouvoit en cadence.—Vous devés estre bien las de voyager et le temps qu'il fait n'est pas bon au rumatisme. J'ay bien de l'impatience, Monsieur, que vostre voyage soit finy et que je puisse vous asseurer moy mesme que vous n'avés point de plus véritable amie que moy.

MARIE ANNE DE BOURBON, fille de France.

T. II, fol. 142.

---

19. — MADAME LA DUCHESSE DE BOURGOGNE (1) A MADAME LA MARÉCHALE DE NOAILLES.

Complimens et protestations d'intérêt.

Je prend trop de part à tout ce qui vous touche pour ne vous en pas donner des marques aujourdhuy. Je vous ferai en mesme temps des complimens de joie et de tristesse : soyez persuadée que persone ne prend plus d'interest à tout ce qui peut vous faire plaisir.

T. II, fol. 305-19.

(1) Marie Adélaïde de Savoie, duchesse de Bourgogne, puis Dauphine, née le 5 décembre 1685 à Turin, mariée le 9 décembre 1697 à Louis, duc de Bourgogne, dauphin de France, petit-fils de Louis XIV et père de Louis XV, célèbre par son enjouement, son esprit et le rôle qu'elle joua durant la vieillesse du grand Roi. — Morte à 26 ans de la rougeole pourprée six jours avant son mari, le 17 février 1712. — C'étoit du recueil la seule lettre de la Duchesse de Bourgogne.

20. — MADAME LA MARÉCHALE DE SCHONBERG A MADAME LA DUCHESSE DE NOAILLES.

Compliments et félicitations.

Je ne donneray pas la peine a Madame la Duchesse de Noailles de lire une lettre pour luy dire la part que je prends en tout ce qui peut regnarder sa satisfaction, puisquelle ne peut doutter du parfait respect que j'ay pour elle.— S'y vous doutiez de moy, l'un et l'autre, vous seriez des ingrats, car vous ne pourez jamais avoir tant de bien et de prosperitez que je vous en souhaite; ny estre aimez et honnorez sy véritablement que je vous honnore.

LA MARÉCHALE DE SCHONBERG.

T. IV, fol. 5.

La belle Marie de Hautefort, si célèbre par l'amour du roi Louis XIII, après avoir refusé de nombreux partis, avoit épousé à 30 ans (23 sept. 1646) le maréchal de Schomberg, duc d'Halluin, qui en avoit 45. Les mémoires du temps ne se lassent point de louer son esprit, son caractère, sa vertu et sa merveilleuse beauté qu'elle conserva longtemps. — Morte à Paris, le 1er août 1691. — La seule lettre du recueil.

---

21. — MADAME LA DUCHESSE DE BEAUVILLIERS (1) A M. LE MARÉCHAL DE NOAILLES.

Elle ne se sent coupable d'autre crime que de trop l'aimer. Sa joie de ses succès.

Vous m'avez mis dans une paine extreme, mon cher Duc;

(1) Cette duchesse de Beauvilliers étoit Henriette Louise Colbert, seconde fille du grand ministre; elle avoit été mariée le 21 janvier 1671, à Paul de Beauvilliers en faveur de qui le duc de Saint-Aignan, son père, s'étoit démis de son duché-pairie, mais qui ne prit que le titre de duc de Beauvilliers pour laisser à son père celui de duc de Saint-Aignan. — Nous donnons les deux seules lettres de madame de Beauvilliers que contînt le recueil.

par le froid, et l'air de cérémonie que jay trouvé dans vostre lettre. Quel crime ay je commis à vostre esgard? je ne me sens coupable d'aucun : s'y s'en estoit un de vous aimer très tandrement jadvoüe que jay celuy là au supresme degré : ne m'accusez d'aucun autre. Sy je ne vous ay pas plustost escrit, sest parceque jay fait un voiage tres long dans nos terres, pandant lequel touttes le merveilles que vous avez faittes se sont passées : j'y ay esté plus sensible que personne du monde, et ne seray point contante, que l'on ne me fournisse de ce costé cy quelque occasion qui me donne une tres grande joye à vostre esgard ; je me sens liée à vous d'une telle maniere que vos interets seront toujours les miens, comptez donc sur cella, et que personne ne vous ayme plus tandrement, et ne vous honore plus veritablement.

LA DUCHESSE DE BEAUVILLIERS.

A Versailles, ce 13e Aoust,

T. VI, fol. 192.

---

22. — MADAME LA DUCHESSE DE BEAUVILLIERS A MADAME LA MARÉCHALE DE NOAILLES.

A St-Aignan, ce 3me mars.

Remercimens. — Mauvais état de santé de M. de Beauvilliers. — Méchants propos du public dont elle se croit justifiée... vers 1694.

Jay receu avec un grand plaisir, Madame, les marques que vous me donnez de vostre amitié : je vous assure que j'y suis fort sensible, et je ne puis attandre a mon retour à vous le temoigner. Jay ésté fort mal à mon ayse dans tout se voiage, car monsieur de Beauvillier a toujours ésté incomodé et cella augmanta fort en revenant : il est mieux depuis quil est icy, il prit hier une médecine; Elvesius luy a ordonné une drogue qui luy fait du bien, et l'exemple de madame la duchesse de Guiche nous a fort enhardy. Il croit le mettre en etat d'attandre les eaux de Bourbon sans nouvel accidant, et que Bourbon achevera de fortifier.—Je suis ravie, Madame, que Monsieur le Maréchal de Noailles soit contant de nous; en vérité la mechanceté du public est bien grande, car tout a ésté imaginé, et controuvé. Jespere que l'advenir leur fournira beaucoup de preuves du contraire, car nous ne desirons rien plus fortement que de vous donner touttes sortes de preuves de notre véritable attachement.

LA DUCHESSE DE BEAUVILLIER.

Monsieur de Beauvillier me charge de vous marquer sa reconnoissance, il espere vous remercier bientost.

T. VI. fol. 196.

---

23. — MADAME LA DUCHESSE DE LA VALLIÈRE (1) A M. LE MARÉCHAL DE NOAILLES.

Ce 21 aoust 1695.

A propos de la promotion de M. Antoine de Noailles, évêque de Châlons, au siége archiépiscopal de Paris.

JÉSUS † MARIA

F.

Dieu nous a donné, Monsieur, un sy saint pasteur que je ne puis m'enpescher de m'en rejouir avec vous, comme avec le

(1) Voici une fort jolie lettre de la belle pénitente Carmélite. Nous n'osons affirmer qu'elle soit inédite. Mais comme nous n'avons pas sous la main les moyens de conviction, nous la donnons telle que nous l'avons copiée. C'étoit la seule du recueil. Tome VI *bis*.

meilleur de nos amis : je nay point l'honneur d'estre connüe de luy; je vous suplie, Monsieur, de vouloir bien luy demender pour nous sa bénédiction, et sa protection pour nostre monastère. Nous avons fait icy de grandes prières pour obtenir un digne ministre de J. C. — Nous l'avons par sa grace c'est à nous à proffiter de cette avantage et à demander sa conservation et la vostre. Je souhaite, Monsieur, que vostre santé ce retablisse, jay esté touchée de vostre état, et toute pauvre que je suis, jay prié pour vous de tout mon cœur. Jespere que vous este bien persuadé, Monsieur, que je vous dis la verité, en vous assurant que personne ne vous honore plus que je fais et n'est plus à vous en nostre Seigneur.

Sr Louise de la Miséricorde.

Il y avoit desja du tems que feu M. l'Archevesque nous avoit promis une place à St.Magloire : il y en aura trois vacante dans cette année. Au retour de l'assemblée j'avois ecry a Mous. l'Archevesque pour en avoir une, mais la mort la surpris. Mandez nous, je vous suplie, sy je dois ecrire à Mgr nostre archevesque, ou sy vous m'obtiendrez cette petite grace sy je ne savois que cela est fort recherché je ne l'inportunerois pas sy fort : la charité souffre tout; c'en est une grande que de nous accorder cette place, je feray la dessus, Monsieur, selon que vous aurez la bonté nous conseiller.

M[r] labbé Pirot chancelier de nostre dame est homme par son mérite à ce faire distinguer de Mgr vostre frere, il est nostre superieur, nous esperons ancore que par cet androit il recevra quelque marque de sa bonté.

T. vi, fol. 348.

24. — MADAME DE MONTESPAN A M. LE MARÉCHAL DE NOAILLES.

Samedi au soir, aoust 1695.

(Même sujet.)

Les personnes de Communauté ne scauroient trop prendre de précaution pour se mettre bien auprès de leur archevesque, c'est dans cette vue, Monsieur, que je vous demande votre protection, et que j'ose vous assurer que Mère Marthe et moy sommes les supérieures de Paris les plus contentes d'avoir affaire a vous.

F. DE ROCHECHOUART.

Le seul des vingt-huit billets ou lettres de madame Montespan contenus dans le recueil de Noailles que M. Pierre Clément ait omis de comprendre dans les pièces justificatives de son livre.

T. VI, fol. 350.

---

25. — MADAME LA MARQUISE DE BÉTHUNE A M. LE MARÉCHAL DE NOAILLES.

A Selles, ce 30e Aoust 1695.

Même sujet.

Quoyque je sois des dernières Monsieur a vous temoigner la part que je prens à ce que le Roy a fait pour M. l'Evesque de Chalons, et à vous en faire mon compliment, parcequ'estant esloignée de Paris je ne suis pas sitost informée des nouvelles de ce qui sy passe, je me donne l'honneur de vous assurer cependant, Monsieur, que personne n'en a eüe une plus veritable joye que moy, et que c'est une Justice que le Roy rend au merite et a la vertu de Monsieur votre frere, et je vous supplie d'estre bien persuadé, Monsieur, que l'on ne s'interessera jamais plus vivement que je fais a tout ce qui vous regarde, vous honnorant plus veritablement que personne du monde et estant aussy parfaittement qu'on le peut estre votre tres humble et tres obeissante servante.

LA MARQUISE DE BETHUNE.

Je vous prie, mon cher compere, de trouver bon que je fasse dans cette lettre des compliments a Madame La Marechale.

Catherine de la Porte avait épousé, le 11 décembre 1662, Maximilien-Alpin de Béthune, marquis de Béthune, et de Courville, comte de Nogent, seigneur de Villebon, morte le 6 août 1706, âgée de 75 ans. —La seule lettre du recueil. Tome VI *bis*.

T. VI, fol. 237.

---

26. — MADAME DE SCUDÉRY A M. LE MAR. DE NOAILLES.

A Paris, le 5 septembre 1695]

Félicitations au sujet de la promotion de l'évêque de Châlons, au siége de Paris.

Je n'ay osé, Monseigneur, vous faire plustot mes tres respectueux compliments sur la nomination de Monseigneur l'archevesque de Paris : cepandant je suis une ancienne servante de vostre maison et je vous demande permission de m'i interesser toujours et de me continuer l'honneur de vostre protection. Je vous suplie aussi de me mettre soubs celle de Mgr l'archevesque, car jespère, Monseigneur, parceque vous estes vertueux et genereux que vous n'auriez point absolumant oublié une personne qui s'est toujours contée comme une desvouée de vostre illustre maison : je ne vas pas vous le dire, Monseigneur, car les ocasions de servir un grand seigneur comme vous sont si rares à une malheureuse personne comme moy, que cest tres raremant que j'ose vous dire, Monseigneur, que je suis avec un grand respect vostre tres humble et tres obéissante servante.

DE MARTIN VAST

DE SCUDÉRY.

T. VI, fol. 353

Cette lettre, comme l'indique assez la signature, n'est point de l'illustre Sapho, mais de la femme de son frère, Mons. de Scudéry. Tallemant raconte d'une assez plaisante façon leur mariage. « Comme il (Scudery) s'estoit retiré à Gravelle, en Normandie, une veuve qualifiée, du pays, passant par là vit notre auteur qui se promenoit, elle demanda qui il estoit. On le lui dit. Au nom de Scudery, elle lui fit compliment et le mène chez elle. Une vieille fille de ses parentes, appelée Mlle de Martin Val qui estoit avec elle, s'enflamma du grand Georges et ils se marièrent. Mais c'étoit mettre un rien avec un autre rien. Il en a eu un garçon fort joly. C'est une des plus grandes hableuses de France, et pour de la cervelle, elle en a à peu près comme son époux. Elle estoit un peu parente de M. ou de Mme de Saint-Aignan (Beauvilliers). »

C'est en 1654 qu'eut lieu ce mariage. Scudéry mourut le 14 mai 1667, il y avoit donc, à la date de la lettre, 28 ans déjà que Marie Françoise de Martin Vast étoit veuve. — On a d'elle des lettres de Bussy qui montrent plus d'esprit et de *cervelle* que ne lui en accorde l'auteur des *historiettes*. Le recueil Noailles n'avoit que cette lettre de madame de Scudéri.

---

27. — LA REYNE D'ESPAGNE A MADAME LA MARÉCHALE DE NOAILLES.

De Madrid ce 6 novembre 1702.

La princesse des Ursins lui a dit tant de bien d'elle, qu'elle veut devenir son amie.

Ma Cousine, La Princesse des Ursins m'a si souvent parlé

de votre bon esprit et de votre cœur, qui est encore meilleur, que jay souhaité long-tems votre lettre devant que de la recevoir. Je vous avoüerai cepandant que je l'ai trouvé trop sérieuse pour une personne que l'on dit etre tres gaie naturelement, mais j'espere aussi que ce sera la seule que vous m'ecrirés de cette manière. Je voudrois que vous fussiés icy pour nous divertir un peu, car nous sommes fort tristes, sans savoir que faire pour ne l'etre pas tant. Le païs ne produit aucun amusement agréable, et touts les jours je souhaite aupres de moi des personnes qui sachent etre folles quand il leur plait. La Princesse des Ursins m'assure que vous etes excellente pour cela : si vous veniés en ce pais cy je ne scai pourtant qui l'enporteroit ou de vous ou d'elle. Ce discours un peu libre doit vous marquer mieux qu'autre chose combien je vous estime et l'envie que jay que vous soyés de mes amies.

MARIE LOUISE.

T. II, fol. 355-57.

Marie Louise Gabrielle de Savoie, sœur de notre brillante duchesse de Bourgogne, née le 17 septembre, mariée le 11 septembre 1701 au duc d'Anjou, roi d'Espagne sous le nom de Philippe V, morte le 14 février 1714, à l'âge de 26 ans. On sait l'influence qu'exerçoit sur elle et sur le roi son époux, la célèbre princesse des Ursins. Nous avons publié dans les t. XI et XII du *Cabinet historique*, une série de pièces fort curieuses sur cette époque de la vie de la reine Marie Louise et de la princesse des Ursins, pièces dont un grand nombre étoient empruntées précisément au Recueil Noailles, de la bibliothèque du Louvre. Ce sont autant de documents sauvés. Nous y renvoyons le lecteur, t. XI, p. 347 et suiv. Du reste la lettre qu'on vient de lire est la seule de cette princesse enjouée que contint la correspondance Noailles.

28. — MADAME LA PRINCESSE DOUAIRIÈRE DE CONTY (1)
A MADAME LA MARQUISE DE LA VALLIÈRE.

Ce dimanche.

Elle lui apprend les bonnes intentions de M. le cardinal de Polignac pour M. le cardinal de Noailles, contrairement aux bruits qui ont couru que ces deux prélats étoient brouillés et que M. le cardinal de Polignac se plaignoit que M. le cardinal de Noailles lui eût manqué de parole.

J'ay veu ce matin le C. de P. je l'ay envoyé prier de venir, luy disant que j'estois en peine des discours qui se tenoient dans le monde : quil se plaignoit du Card. de N. que c'estoit les ennemis du C. qui vouloient luy oster son secours dans le temps quil en avoit le plus de besoin, et les siens, a luy qui estoient outrez de l'honneur qu'il s'estoit acquis et qui seroient ravis de dire qu'il estoit bien aise d'un prétexte pour se remettre du party le plus fort. — Il m'a repondu quil ne se plaignoit point du C. de N. et qu'il avoit compris que les discours que l'on tenoit estoient plus contre luy que contre le C. de N. — Quil n'avoit dit et ne diroit jamais qu'il luy eut manqué de parole : qu'il estoit tres faché que le changement que le C. de N. a fait a son mandement le mit presque hors d'estat de luy rendre service; qu'il le veroit mardy à Paris et qu'il estoit dans les sentimens où il a toujours esté d'estime, de

(1) Anne Marie Martinozzi, sœur puînée du Card. Mazarin, avoit été mariée au Louvre, le 22 février 1644, à Armand de Bourbon, prince de Conti, frère du prince de Condé et de la duchesse de Longueville. Demeurée veuve à vingt-neuf ans, le 21 février 1666, elle mourut à Paris, le 4 février 1672, à l'âge de trente-cinq ans; laissant de son mariage, Louis Armand de Bourbon, 2e prince de Condé. « Toute l'Europe a connu le mérite de cette princesse, « et la France, qui a admiré sa piété et son désintéressement, en conserve chèrement la mémoire. (MORÉRI.)

respect pour le C. de N. et desire de luy rendre service. Il m'apriée mesme de dire, quand j'en entendrois parler, quil n'estoit point vray qu'il se plaignit de luy.—Il m'a paru quil n'estoit point nessessaire de le piquer d'honneur et quil comprend quil seroit aussi honteux pour luy de changer; qu'il luy a esté honorable jusqu'icy de soutenir le C. de N. Je souhaite que la conversation qu'il aura avec luy à Paris luy donne lieu de pouvoir agir car il me paroit bien intentionné, mais le roy luy a fermé la bouche. — Voila une malheureuse affaire.

T. IX, fol. 49.

---

29. — MARIE-CASIMIRE DE LA GRANGE (1), REINE DE POLOGNE, A M. LE MARÉCHAL DE NOAILLES.

A Blois le 12e 8bre 1715.

Elle apprend avec plaisir que les affaires qu'elle a au sujet de ses rentes de l'Hôtel de Ville de Paris, se trouvent du département des nouvelles charges qu'il a, — et lui recommande ses intérêts.

Mon Cousin, j'apprens avec plaisir que les affaires que j'ay, au sujet de mes rentes de l'Hôtel de Ville de Paris, se trouvent du département des nouvelles charges que vous

(1) Marie Casimir de La Grange, Ve de Jacques de Radzivil, prince de Zamoski, palatin de Sandomir, et fille de Henri de La Grange, marquis d'Arquien, depuis cardinal, et Françoise de la Chatre-Brillebaut. — Mariée le 6 juillet 1665 a Jean III Sobiewski qui mourut à Varsovie le 17 juin 1696. Après sa mort, Marie Casimire se retira à Rome et y arriva le 24 mars 1699. Elle y resta jusqu'au mois de juin 1714, qu'elle en partit pour venir en France et résider à Blois, où elle arriva au mois de septembre de la même année et y mourut le 30 janvier 1716, âgée de 75 ans, d'où son corps fut porté à Varsovie.

avés, et dont je vous felicite de tout mon cœur. Je vous recommande donc mes intérêts qui ne sauroient être en de meilleures mains que les vôtres, et je suis ravie de proffiter de cette occasion, pour vous assurer de l'estime et de la consideration parfaites, que j'ay pour vous, mon Cousin, et pour tout ce qui vous appartient.

MARIE CASIMIRE, REYNE.

T. XIV, fol. 231.

---

30. — LETTRE DE M. D'ANGERVILLIERS AU MARÉCHAL DE NOAILLES.

A Fontainebleau le 4 Juillet 1731.

Tout le vol. XVII, sauf quelques pétitions et quelques brevets, nominations, estats signés du roi Louis XV,, ne renfermoit que des lettres de M. d'Angervilliers, secrétaire de la guerre de M. le maréchal de Noailles (Adrien Maurice), du 16 mai 1722 au 15 décembre 2739. La lettre suivante qui concerne Madame de Saint Chamant, nous avoit été demandée, en copie, au nom d'un membre de cette famille : nous la reproduisons ici.

J'ay fait usage, Monsieur, de la lettre que vous m'avez fait l'honneur de m'écrire le 25 du mois dernier, en faveur de madame de St-Chamant. Mais à peine ay-je commencé de la lire à Son Eminence qu'elle m'a interrompu pour me dire qu'elle avoit répondu à celle que vous luy avez écrite sur le même sujet. Je vous supplie de croire que j'aurois été ravy de rendre service à la famille de feu M. de St-Chamant, qui étoit de mes intimes amis, mais il m'a paru que Son Eminence avoit déjà pris son party, dans l'idée où elle est qu'il ne laisse pas ses affaires en mauvais estat. Je souhaite de tout mon cœur que cela soit, et de trouver d'autres occasions d'estre utile à madame de St-Chamant et à ses enfans. J'ay l'honneur d'etre trés parfaitement, Monsieur, votre trés humble et trés obéissant serviteur.

Signé : DANGERVILLIERS.

T. XVII, fol. 143.

---

31. — MARIANNE DE NEUBOURG (1), REINE DOUAIRIÈRE D'ESPAGNE A M. LE MARÉCHAL DE NOAILLES.

A St Michel le 6e Sepre 1732.

Sur ses sentiments pour le Marechal et sur le plaisir qu'elle a eu de voir en Espagne M. le comte de Noailles.

Monsieur le Duc de Noailles, mon Cousin, Vous ne devez pas douter, par l'estime que j'ay pour vous, du plaisir que j'ay eu de voir icy le Comte de Noailles, et je ressents, une veritable reconnoissance a toutes les attentions que vous me temoignez, par la lettre que vous m'avez escrit; je souhaite qu'il se présante des occasions à vous marquer mon amitié, et vous etre utile, dans ce qui pourra vous être agréable.

MARIANNE.

T. XIV, fol. 78.

(1) Marie Anne de Bavière-Neubourg, 14e des enfants de Philippe Guillaume, duc de Bavière-Neubourg, électeur palatin, et d'Elizabeth Amélie de Hesse-Darmstadt, sa seconde femme, née le 28 octobre 1667, épousa le 4 mai 1690 le faible Charles II, roi d'Espagne, près duquel elle combattit en vain l'influence françoise et le testament qui appeloit au trône d'Espagne le petit fils de Louis XIV. A la mort de Charles, Marie Anne se retira d'abord à Tolède, puis en France, à Bayonne notamment, où elle mourut le 16 juillet 1740.

32. — CATHERINE OPALINSKA (1), REINE DE POLOGNE, A M. LE MARÉCHAL DE NOAILLES.

Elle espère qu'il trouvera bon le parti qu'elle a pris de se mettre au couvent de Saint-Cyr.

(Nous respectons scrupuleusement l'orthographe de la reine de Pologne qui, en sa qualité d'étrangère, n'étoit pas tenue d'être puriste.)

Monsieur, n'ayant receut que des m'arques de vostre amittiez depuis mon sejours d'icy, jay lieu de me flatter que le roy trouvant bon de me mettre a St-Cyr qu'y est de vostre gouvernement pour quelque temp, ne vous serast pas desagreable ; au sujet dequoy jenvoye Msr de Villancourt pour larangement qu'il vous plairast de faire. Comme c'est une chose qu'y me m'est a portez de vous temoigner la mienne

(1) C'est la mère de notre aimée reine Marie Lesczinska. Catherine, fille d'Opalinski, castilan de Posnanie et de N. Garnkowska, née le 5 nov. 1680, épouse en 1698 Stanislas Lesczinski, élu roi de Pologne le 2 juillet 1704, et si célèbre par les étranges péripéties de son règne et de sa vie. La reine Catherine est morte à Lunéville en mars 1747.

M. de La Saussaie, dans son *Histoire du château de Chambord*, a consacré au séjour du roi et de la reine de Pologne à Chambord, quelques lignes que nous croyons devoir reproduire ici : « Le château étoit abandonné depuis longtemps quand il devint, en 1725, l'asile du malheureux Stanislas Lesczinski. Le roi et la reine de Pologne y passèrent huit années dans la pratique de toutes les vertus. La paroisse de Chambord conserve dans ses archives des souvenirs touchants de la bonhomie de Stanislas. Dans un grand nombre d'actes de naissance on le voit figurer comme parrain, et les gens de village perpétuent la tradition des visites paternelles que le bon roi faisoit dans les chaumières de leurs aïeux, de l'intérêt qu'il prenoit à leurs travaux et à leurs fêtes, et du plaisir qu'il avoit à juger leurs différents. — La reine affectionnoit beaucoup la petite chapelle située près des appartements de François 1er et qui en a retenu le nom d'oratoire de la reine de Pologne. »

Le recueil Noailles contenoit sept lettres de cette princesse.

je recherecherez avec soin de vous prouver combien je suis

Monsieur

Vostre sincere amie

A Chambord le 11 de Septembre l'an 1733.

CATHERINE.

T. XIV, fol. 209.

---

33. — CATHERINE REINE DE POLOGNE A M. LE MARÉCHAL DE NOAILLES.

Elle le remercie des témoignages d'amitié qu'il lui donne.

Monsieur, comme se n'est pas d'aujourdhuy que je recoist des preuves de vostre amittiez pour nous, se serez une ingratittude en moy de ne les avoir pas gravez dans mon cœur ; celle que vous me temoignez a locasion de se qu'y m'arive et en vos soin ne fait que redoubler ma reconnoissance de la qu'elle je vous prie d'estre aussy persuadez que jen suis penetrez estant,

Monsieur,

Vostre tres sincere amie

A Chambor le 25 de Septembre l'an 1733.

CATHERINE.

T. XIV, fol. 210.

---

34. — ÉLISABETH THÉRÈSE, REINE DE SARDAIGNE, A M. LE MARÉCHAL DE NOAILLES.

Elle le remercie de l'intérêt qu'il a pris à son heureux accouchement.

Mon Cousin, Nous connoissons assez le vif empressement dont vous avez toûjours été porté pour nos satisfactions, pour vous imaginer la joye avec laquelle vous nous marquez d'avoir appris la nouvelle de nôtre heureux accouchement. Nous souhaitons que vous soyez bien persuadé du bon gré que nous vous savons des expressions obligeantes que vous nous avez faites à ce sujet, et du plaisir que nous ressentons aussi de vous assûrer de la consideration très-distinguée que nous conservons pour vous. Sur ce, Nous prions Dieu qu'il vous ait, mon Cousin, en sa sainte et digne garde. A Turin ce 13 janvier 1739.

ELIZABETH THERESE.

T. XIV, fol. 264.

Elizabeth Thérèse de Lorraine, fille de Léopold, duc de Lorraine et de Bar, et d'Elizabeth Charlotte d'Orléans : — troisième femme de Charles-Emmanuel-Victor, roi de Sardaigne, qu'elle épousa le 5 mars 1737 : morte à Turin, le 13 juillet 1741, à peine âgée de trente ans.

---

29. — MADAME INFANTE (LOUISE ELISABETH) A M. LE MARÉCHAL DE NOAILLES.

Ce 28 Juillet 1746.

Elle espère que M. de Noailles voudra bien lui procurer de plus longues lettres de son papa, qu'elle aime tendrement. Le roi d'Espagne est toujours très disposé à former un établissement pour l'Infant.

Je ne sçaurois vous trop remercier, Monsieur, de ce que vous avez dit au roi que vous n'approuviez pas que sa lettre fut courte : je vous charge donc aussi de m'en procurer de longues, et de fréquentes. Je ne vous dis rien de la joye que j'ai quand j'en reçois, vous connoissez mes sentiments pour mon papa : ainsi je diré beaucoup plus en ne disant rien, qu'en disant beaucoup ; les plus grandes expressions ne pouvant jamais arriver a la verité. Je n'ai pas trop bien receu ma niece, mais dieu nous l'a donnée donc que cela convient: conformons nous a sa volonté, sans cesser, de lui demander un Duc de Bourgogne. Ma fille est de méchante humeur depuis qu'elle a cette cousine de plus, la voila sans mari, et l'etat de fille ne me paroit pas lui plaire: elle sera mal dans ses affaires si elle n'a pas d'autres ressources que vous: malgré les ordres, vous et mon ambassadeur vous êtes tres mal *portez.*— Le roi ne negligera rien pour que l'etablissement de l'infant soit bon, je sçai qu'il a dit qu'il etoit obligé de faire plus que le feu roi, parce qu'un frere ne pouvoit pas sacrifier ses freres, comme un pere ses enfans.—ils m'accablent d'amitiés, vous voyez donc qu'on peut tout esperer de lui. je suis persuadée que vous ne negligerez rien pour que tout aille de même. Vous êtes bien regulier a m'ecrire, et vous ne scauriez me faire de plus grand plaisir, ainsi je vous en demande la continuation. J'attends les premiers jours du mois les reponses de mon doudou, je ne suis pas sans *cuidado* de lui, comme bien vous croyez. Il n'avoit pas encore receu ces belles epîtres dont vous avez lües quelques unes, elles sont arretées a Gênes; j'espere pourtant qu'il les aura à present, il vaut mieux tard que jamais, et l'on ne sçauroit jamais trop avoir du bon : toutes mes lettres sont excelentes, ainsi que tout ce qui vient de moi. Ma santé est toujours dans le même état, j'espere pourtant qu'elle redeviendra parfaitte, quand le remede pourra avoir son effet, il faut travailler à la volonté du maitre j'avertirez du temps quand il le sera. adieu, Monsieur, je vais chez la reine douariere, je vous embrasse *y quedo la Condesa de Chinchon a los pies* de V. E.

T. XIV, fol. 116.

36. — MADAME INFANTE (LOUISE ELISABETH) A M. LE MARÉCHAL DE NOAILLES.

Ce 27 août 1746.

Elle désire beaucoup la nouvelle alliance dont on se flatte en Espagne, moyennant la dispense du Pape, ce qui seroit très-important pour ses intérêts particuliers. Madame de Elde instruira M. de N. du mauvais état de ses affaires domestiques. Elle ne peut prendre sur elle d'en importuner le roi son père, mais si M. de Noailles pouvoit lui faire payer les 200,000 fr. de sa dot, il est certain que cela lui feroit grand plaisir.

Vous ne sçauriez me faire de plus grand plaisir, mon cher gendre, qu'en m'ecrivant souvent, j'aime toujours mes amis, et je me flatte que vous êtes du nombre.

Jétois fâchée que mon papa n'alle plus a l'armée, mais par les raisons que vous me dites cela me paroit tres raisonnable. L'on desire ici beaucoup la nouvelle alliance, et la raison de la religion *no hace fuersa*, parce que l'on dit qu'avec la dispense du pape l'on ne doit point avoir de scrupule : je vous avoüe que je la crois tres importante, pour les interets de la France, par consequent des miens : il est difficile d'oublier de quel païs l'on est. Cette derniere affaire d'Italie nous a fait grand bien, et a ma santé, quoiqu'il faille encore bien des choses pour la rendre parfaitte. Je ne sçai qui vous a donné des nouvelles de mes affaires domestiques, Mad. de Lede vous en instruira plus en detail, mais il est certain qu'elles sont en fort mauvais etat. J'ai cüe ma fille longtemps *a mi cargo*, mais depuis le roi lui a donné dequoi s'entretenir fort bien, c'est un soulagement, mais a vous dire franchement la verité, je suis toujours dans un grand embarras, je vendrois plustost ce que je pourrois que d'en importuner le roi : mais si vous pouviez me faire avoir les 200000 francs de ma dotte, il est certain que cela me feroit grand bien, et que j'en ai grand besoin: vous sçavez peut être qu'il faut d'etiquette dépenser presque la moitié de ce que j'ai en congrégations, et autres choses de cette espece qui ne font de bien a personne, et ce qui me dérange beaucoup: outre cela il faut beaucoup de richesse dans les habits, etc., l'on me doit assez, l'on ne veut pas me faire crédit; ainsi je vous laisse à juger si je dois être embarrassée : je suis persuadée que vous ne negligerez rien pour me tirer d'embarras; et sur le tout c'est une si petite somme, que j'espere que vous en viendrez a bout. Cette confidence doit vous prouver ma confiance, vous sçavez que je n'aime pas a me plaindre, et non par hauteur, je n'en ai, dieu mercy pas! Voila mon cher marêchal, la verité, dont Mad. de Lede vous dira les détails, Je crois tres important que vous soyez instruit de tout, ainsi je direz au Roy de vous dire ce que je lui 'en manderez. Je vous embrasse de tout mon cœur; ma sœur sera nôtre *alcahueta.*

T. XIV, fol. 119.

---

37. — MADAME INFANTE (LOUISE ELISABETH) A M. LE MARÉCHAL DE NOAILLES.

Ce 12 décembre 1746.

Je suis chaque jour plus *achaquosa*, Monsieur: il s'est joint une fluction a mes vapeurs, qui m'a enflée presque tout le visage, mais heureusement mon estomac va bien, il n'en est pas de même de mon humeur quoique j'espere que nous pourrons nous mieux *porter* la campagne prochaine que nous n'avons fait celle-cy. Je suis persuadée que dans ce qui dependra de vous, vous n'y négligerez rien. Je me couche a present casi a l'heure des poules, ainsi quoiqu'il ne soit pas onze heures je tombe de sommeil. Adieu donc Monsieur, je finis à la façon des réchauts que ma reine vous envoyoit par moy.

T. XIV, fol. 126.

38. — MADAME INFANTE (LOUISE ÉLISABETH) A M. LE MARÉCHAL DE NOAILLES.

Ce 26 Xbre 1746.

Vous devenez un peu paresseux, Monsieur, mais je n'ose vous en faire de reprôche, parce que je sçai que vous m'êtes fidele et que malgré que l'on dise, vous me donnez toujours la préference; cela est flatteur pour moy, car mes sœurs sont charmantes, il n'en est pas de même pour vous, cela prouveroit vôtre mauvais gout, si l'on pouvoit en disputer.

J'ai été purgée ces jours passez, et tres abbondament, nous n'avons pas eû trop de sujets a faire de bonnes humeurs, mais le *mal genio* doit y avoir part.

Vous sçavez la nouvelle des Génois, elle seroit bien bonne si elle avoit dûré, mais j'en doutte fort, et nous n'en avons rien scû depuis la premiere nouvelle, ce qui ne me paroit pas bonne marque. Nous ne recevons pas de nouvelles d'italie, il manque six couriers de Naples, je ne laisse pas d'être inquiette pour ce côté la aussi, vû surtout la faute de general, et de lieutenants generaux. Nous voicy bientost à la nouvelle année, je vous la souhaitte des plus heureuses. M. le Duc de B. se porte a merveille, dit-on : car il y a du temps que je ne l'ai vû; il n'en est pas de même du Comte qui a sa colique une autre fois : mes compliments à la marechale de Noailles, à la comtesse de Toulouse et à madame de Villars.

Adieu Monsieur soyez convaincû de ma constance *pues amor con amor se paga.*

T. XIV, fol. 128.

38. — MADAME INFANTE (LOUISE ELISABETH) A M. LE MARECHAL DE NOAILLES.

Parme ce 31 Xbre 1750.

J'ai tant de pardons à vous demander, mon cher Marêchal, que je n'ose: mais en verité j'ai été et suis encore si incómodée de ma grossesse que je suis plus excusable que vous ne croyez : me voicy dans le dernier mois, tout à l'heure à terme, et je ne crois pas le passer beaucoup. on n'en peut cependant rien scavoir, mais il me semble que je commence a me détraquer. Je vous souhaitte, mon cher beau frere, une bonne et heureuse année. Il y a deux ans aujourdhuy que j'arrivai a Versailles, ce sont des époques qui ne s'oublient point. il fait ici un froit affreux, mais beau, depuis peu, a la verité. J'espere que mes sœurs vous parlent souvent de moy, au moins nous en parlons ensemble, et je suis bien touchée de l'amitié que vous conservez pour moy; soyez bien sûr du plus parfait retour, mon cher Marêchal, et de ma reconnoissance de l'interet que vous prenez a nôtre pauvre situation: Lapluche vous aura sans doutte dit qu'il est des cœurs impossibles de toucher, je m'y attendois, et compte que cela continüera Je vous embrasse de tout mon cœur, mon cher Marêchal, ainsi que l'Infant.

Louise Elisabeth de France, fille aînée de Louis XV et de Marie Lesckzinska, née le 14 août 1727, mariée le 26 août 1739 avec l'infant d'Espagne, don Philippe, duc de Parme, de Plaisance et de Guastalla. On trouve la relation détaillée des fêtes données à l'occasion de ce mariage dans le *Journal de Verdun*, octobre 1739, p. 289. 304. Le même recueil fait également le récit du voyage de cette princesse en France, dix années plus tard et de la façon dont elle fut reçue, accompagnée et conduite par M. le comte de Noailles, fils du maréchal. (*Février* 1749, p. 143, 147.) Morte à Versailles le 6 décembre 1759.— Le recueil Noailles contenoit 50 lettres de cette princesse. Nous n'en avons sauvé que les cinq que l'on vient de lire.

T. XIV, fol. 147.

IV. — EXTRAIT DE COLLETET.

Nous avons dit dans notre Catalogue, à l'article des *Vies des Poëtes* de Colletet, qu'il falloit compter au nombre des biographies sauvées, celle de Nicolas Rapin, copiée par nos soins pour le Cabinet de M. Eugène Halphen. — Cette biographie, l'une des meilleures de Colletet, M. Halphen a bien voulu la remettre à notre disposition. Nous la reproduisons ici. Nos lecteurs la liront certainement avec intérêt.

1608.

NICOLAS RAPIN.

Ceux qui ont honoré Rapin de cet éloge agréable qu'il estoit le plus scavant soldat, et le plus vaillant conseiller du monde, n'ont pas à mon advis mal rencontré dans la connoissance qu'ils ont eue de sa condition, et de sa vie, car encore qu'il fit profession de porter les armes, si est ce qu'il embrassa toujours la science du monde et les bonnes lettres avecque tant d'ardeur que les coups de son espée toute guerrière et toute agissante qu'elle estoit ne firent jamais tant de bruit et ne lui acquirent jamais tant de réputation que les nobles traits de sa plume pacifique. Et comme ceux-là sont passez, ceux-ci vivent encore par eux mesmes en la mémoire des hommes, et se renouvelleront toujours avec tous les siècles. — Il nasquit en cette fameuse, quoyque petite ville, qu'il a le premier de tous si heureusement nommée :

Fontem Nayadum, la Fontaine des Nayades, je veux dire Fontenay-le-Comte, en Poitou. Comme il estoit descendu d'une des meilleures familles de la province, il fut dès sa jeunesse noblement élevé dans la cognoissance des beaux arts, et dans les exercices convenables à un gentilhomme. Et ce fut de cette heureuse institution, aussy bien que de la bonté naturelle de son esprit que procédèrent tant d'actions esclatantes qu'il fit dans la fonction de sa charge, et dans l'employ de son estude. Comme il estoit né pour agir, aussy bien que pour méditer, il traitta de l'office de vice-sénéchal de Poitou qui ne donne pas toujours de l'agitation ny toujours du repos, et qui est tantost paisible et tantost turbulent. Ce fut en cette qualité qu'il déclara une si cruelle et si juste guerre aux voleurs de grands chemins, que jamais la République romaine ne fut plus tenue au grand Pompée lorsqu'il eut purgé la mer d'escumeurs et de pyrates, que la province de Poitou fut obligée aux soins de ce généreux officier, lorsqu'il eut exterminé ces monstres et ces avortons de la terre qui n'estoient nez que pour la détruire. Aussy jamais homme n'ayma plus sa patrie ny ne se sacrifia plus volontiers pour elle, et cette affection légitime y fut si généralement connue et louée, qu'alors que ce fameux président, messire Hachilles de Harlay fut envoyé par le roy Henry III pour tenir les grands jours à Poictiers, ses oreilles furent remplies du haut mérite de Rapin. Mais comme il y a des hommes de qui la présence diminue en quelque sorte leur réputation, la sienne s'augmenta bien plus dès qu'il eust le bonheur d'entretenir ce grand personnage, et de luy rendre compte exact de ses actions, car ce fameux président prit tant de goût à son entretien et recognut en luy tant d'esprit et tant de vigilance, tant de franchise et tant de cœur, qu'il n'eust point de repos jusques à tant que par ses pressantes sollicitations le Roy l'eut fait venir à

Paris, et qu'il l'eut gratiffié premièrement de la charge de Lieutenant-Criminel de robbe courte, et puis de celle de Grand Prevost de la connestablie de France. Cette charge l'obligeant d'estre souvent à la suitte du Roy, luy donna aussy le moyen d'entretenir, aux occasions, Sa Majesté qui le prit en singulière affection, et qui le considéra comme une des plus fortes testes de son royaume ; et je ne doute point que ce dernier ornement de l'auguste race des Valois, ce prince qui estoit naturellement bien-faisant envers ceux qui avoient l'adresse de joindre les lauriers d'Apollon à ceux de Mars, s'il eust vescu d'avantage, qu'il ne luy eust rendu des marques plus esclatantes et plus solides de son estime et de son approbation royalle.

Le roy Henry IV, son successeur, se servit utilement aussy de son ministère en plusieurs occasions importantes, comme on le peut voir dans l'histoire de l'illustre président de Thou, qui rapporte quelques-unes de ses plus fameuses captures, et que je répéterois en ce lieu, si je faisois sa vie en qualité de prévost ou de capitaine, et non pas en qualité de poëte. Parmy tous ces emplois turbulents, il ne laissoit pas de trouver le temps de composer des vers tantost latins et françois qui plûrent d'autant plus à son siècle que la pluspart estoient sur des sujets qui regardoient les affaires du temps et qu'ils estoient toujours aussy remplis d'une profonde doctrine, qu'animez d'une infinité de belles poinctes d'esprit, voire mesme comme il avoit une grande connoissance et une parfaite intelligence des affaires épineuses de son temps : ce fut luy qui avec quelques autres doctes et fidèles françois, travailla puissamment à la composition françoise de ce gentil et fameux *Catholicon d'Espagne* qui donna un si grand coup de pied à la ligue, et qui rendit le mystère des ligueurs si méprisable et si ridicule à toute l'Europe. En quoy certes il rendit un si notable service au Roy, à la France et à la Religion mesme, puisque par là, l'hypocrisie et l'aveugle ambition des faux et prétendus zèlez furent publiquement descouvertes.

Mais comme il n'avoit jamais abandonné la personne du Roy son maistre pendant les troubles et les révoltes du Royaume, lorsque le Ciel eut regardé la pauvre France en pitié, et qu'il eut fait luire sur elle les favorables rayons de la paix, ce fidèle exécuteur des commandemens du Roy son maistre se sentant sur l'âge et fatigué de ses travaux passez se résolut de renoncer à toutes les charges publiques pour vivre désormais à soy mesme, et pour jouyr plus commodément le reste de ses jours de la douce tranquilité que l'on trouve dans le sein des muses qu'il avoit toujours tant aimées. Dans un des faubourgs de Fontenay le-Comte, il avoit fait édiffier une agréable maison qu'il appelloit Terre-Neufve, et qui estoit seigneuriale, puisque mesme il en portoit le nom, comme je le vois par la subscription de plusieurs lettres de ses amys qui luy sont adressées. Et ce fut là qu'il se résolut de couler le reste de sa vie avec sa femme, ses enfans et sa petite famille qui luy estoit très chère, et dans laquelle il trouvoit des délices innocentes, et des satisfactions secrètes, mais raisonnables, qu'il ne croyoit pas trouver ailleurs. O noire et détestable calomnie qui interprète toujours sinistrement les actions les plus innocentes des excellens hommes! Jusques à quand traiteras-tu celuy-cy de la mesme sorte que tu fis autrefois Aimard de Ranconnet? Mais certes quelque contentement qu'il put gouter dans cette solitude et parmy ses livres, il ne laissoit pas de tesmoigner quelquefois le secret déplaisir qu'il avoit de vivre loin de Paris. Et spéciallement quand il se ressouvenoit de tous ces hommes illustres dont il étoit si tendrement aymé, et de la douce conversation qu'il y avoit eüe avec les plus doctes esprits de toute l'Europe. Aussy luy prit il, un jour, envie de les revoir, et de les embrasser encore : et ce fut pour cela qu'il ne fit point de difficulté d'entreprendre un long voyage pendant les froidures du grand hiver, et dans les incommodités qu'un âge vieil et caduc luy pouvoit apporter.

Mais comme il fut venu jusqu'à Tours en intention de passer outre, et de se rendre à Paris, il en fut empesché par une fièvre mortelle qui le surprit en ce lieu, et qui nous le ravit à l'âge de 68 ans, environ, le 15 février 1608. Je sçay bien qu'un certain autheur moderne qui a violé les mystères sacrez, en le traittant d'un style profane, rapporte autrement cette histoire disant qu'il mourut dans la chambre du petit More à Poictiers, non pas au commencement mais à la fin de la mesme année, au mois de décembre, non pas âgé de soixante-huit ans, mais de soixante et quatorze. Et quoyque cet autheur ait dit encore que se rencontrant alors fortuitement à Poictiers, il fut luy mesme témoin oculaire de cette funeste mort, si est-ce qu'ayant glissé tant de mécontes et tant d'impertinentes faussetés dans tous ses livres, dont la pluspart ont esté justement réfutez, et mesme censurez par la Sorbonne, j'ayme mieux m'appuyer et me tenir à ce qu'en dict Scévole de Sainte-Marthe, son intime amy, et son conseiller fidèle, dans le bel éloge latin qu'il luy a consacré parmy ses hommes illustres que j'ay traduits et publiez en nostre langue. Et puis ce qui confond entièrement la fausseté de cet autheur moderne, du moins quant au temps de la mort de Rapin, c'est que non seullement dans la suitte de l'histoire du président de Thou, composée par Charles Faye d'Espesses, il est dit qu'il mourut le premier jour du mois de fevrier, du froid qu'il avoit souffert s'acheminant à Paris : Mais encore c'est que les derniers vers latins que composa cet excellent homme peu de jours avant sa mort, sont heureusement tombez entre mes mains escrits de sa main propre ; je les rapporteray icy d'autant plus qu'ils sont le vivant tableau d'un homme mourant, et qui pense meurement à Dieu, et qu'ils ne se rencontrent point dans ses œuvres :

Qui digitis floccos legît, et sua complicat in se
Lintea, miraturque manus speculator ocellis,
Cui summi digiti frigent manibus pedibusve
Vel nasi supremus apex ; cui tempora pauco
Tempore labuntur, nares simæque et apertæ,
Deriguitque pilus velut horrens; lumina sensim
Hebescunt, et singultu vox hæret acuto;
Qui matulæ oblitus læsi dat signa cerebri;
Et linguæ titubans non se regit ordine sermo,
Ejus spes nulla est, animumque videbis ovantem
Scandere supremas multo cum gaudio ad arces.

Et plus bas est escrit,

Nicolaus Rapinus faciebat nocte intermedia vigilans, et ad Deum suum impense transvolare gestiens. 3.. Idus Februarias an. 1608.

Et au dos est écrit de la main du docte Jean Besly, son amy de tous temps, et comme l'on dit : omnium horarum, de toutes heures :

Derniers vers de monsieur Rapin.

Çe mesme autheur moderne de qui l'humeur maligne ne sçauroit s'empescher de mesdire de ceux-là mesmes qu'il a le plus hautement louez, après avoir dit de luy qu'il estoit homme d'esprit incomparable, et né à toutes choses, dit qu'il avoit vescu l'espace de soixante et quatorze ans dans un assez grand libertinage, et que suivant la fougue de ses premières humeurs, il estoit engagé à des connoissances assez dangereuses. Mais comme sa condition turbulente ne l'obligeoit pas à une forme de vie aussy reglée que celle d'un chartreux ou d'un capucin, on peut dire pour sa justification qu'il suivit peut estre en cela l'impétuosité des affaires et des esprits de son temps, qui n'estoient nullement ny dans l'ordre ny dans la police où l'on les a veües depuis. Après tout, quelles marques visibles nous a-t-il laissez de son préten du libertinage, et de la prétendue malice de son âme? Certes si nos écrits sont le plus vif tableau de nos pensées et de nos mœurs, n'y ayant rien dans ses œuvres que le plus sévère Caton, ou que la plus pure Vestale ne puisse lire sans rougir, on peut bien dire qu'il a vescu comme il a escrit. — Et puis ce médisant ne demeure-t-il pas mesme d'accord qu'il mourut en bon chrestien? Et que pendant toute sa vie il auroit esté l'ennemy capital de l'athéisme que quelques esprits sçavans et endiablez taschoient d'introduire à Paris pour achever la corruption de son siècle, et mesme qu'il s'estoit puissamment opposé à leur dessein téméraire. Car pour ce qui est de ses connoissances, qu'il appelle dangereuses, de qui prétend parler ce lasche calomniateur? Le mérite de Rapin luy avoit donné pour amy, les du Perron et les Desportes, les Harlay et les de Thou, les Scaligers et les Sainte-Marthe, les Pasquier et les Gilot, les Servin, les Rigault et les du Puy, les Besly, les Bonnefond et les Richelet, et une infinité d'autres hommes illustres en sçavoir comme en naissance, qui prenoient un singulier plaisir dans sa docte conversation. Et sont-ce ceux-là qu'il appelle de dangereuses connoissances? Certes, il paroist bien que ce misérable escrivain fait comme les Andabates qui s'escrimoient à toute outrance dans les ténèbres ne sçachant ny qui attaquer, ny contre qui se deffendre. Mais pour ne point remuer d'avantage cette puante matière, il est bien plus à propos de dire que dans cette puissante inclination qu'eut Rapin à l'estude des belles lettres, ou plustost dans cette heureuse facilité que son esprit avoit à la poësie, il n'en fut peut estre jamais diverty, ny parmy les troubles et les plus grandes confusions de la guerre, ny mesme parmy les plus grandes et épineuses affaires qu'il eut sur les bras; car il composa de temps en temps des vers latins et françois, notamment des épigrammes dont les pointes subtiles et piquantes le faisoient admirer des beaux esprits de son siècle. Et mesme comme il avoit l'esprit hardy, et capable de tout, laissant aux autres poëtes du commun les cadences ordinaires, il essaya de faire des vers françois sans ryme, avec les mesmes mesures et les mesmes quantités de syllabes que les poëtes grecs et latins ont accoutumé d'employer dans leurs vers. Entreprise véritablement nouvelle, mais après tout qui ne le fut pas tant, puisqu'il ne tenta ce travail qu'à l'exemple premièrement de Jodelle, et puis d'Olivier de Magny, de Pierre de Ronsard, du comte d'Alsinois, d'Estienne Pasquier, de Jean Passerat, de Claude Butet, et surtout de Jean-Antoine de Baïf qui fit tous ses efforts pour authoriser cette forme de poésie. Mais certes, comme en ce point il avoit imité ces excellents autheurs, il faut avouer que dans la grâce et la douceur de ses vers mesurez, rymez ou non rymez, il les surpassa d'aussy loin,

> Que le sommet venteux d'un vieux chesne surpasse
> Les plis torts et rampans de la viorne basse.

Et quoyque cette façon d'escrire ait presque toujours esté rebutée du peuple, et peu souvent mesme approuvée des sçavants, si est-ce qu'on ne doit pas mépriser les nobles efforts de ceux qui dans leur travail n'ont autre dessein que d'enrichir leur langue maternelle de quelque nouvelle et gentille invention.

Il laissa plusieurs beaux poëmes, et par un article exprès de son testament, il prit le soin de recommander à sa mort à ce docte et fameux conseiller de la cour Jacques Gillot, et à l'illustre Scévole de Saincte-Marthe, ses intimes amys, ces enfans immortels de son esprit; et comme mesme auparavant que de rendre le tribut à la nature, il composa son épithaphe en quatre vers, qu'il ordonna d'estre gravez sur son tombeau, je ne les sçaurois oublier en cet endroit :

Tandem Rapinus heic quiescit, ille qui
Numquam quievit, ut quies esset bonis.
Impune nunc grassentur et fur et latro :
Musæ ad sepulchrum gallicæ et latiæ gemant !

Et c'est ainsy que je les ay traduits en françois comme on le void dans ma version des Eloges :

En ce lieu reposent les os
De Rapin qui pendant sa vie,
Ne goûta jamais le repos
Affin de procurer celuy de sa patrie.
Puisque Rapin n'est plus debout,
Voleurs qui vous glissez partout,
Partout impunément exercez vos rapines ;
Et puisque les neuf sœurs ont perdu leur flambeau
Muses françoises et latines
D'un long ruisseau de pleurs arrousez son tombeau.

Après sa mort, son corps fut porté et enterré à Fontenay-le-Comte, sans pompe et sans appareil funèbre selon qu'il avoit ordonné par le mesme testament. Il est bien vray que François Garasse qui dit qu'il rendit l'esprit entre les bras de quatre Pères de la compagnie de Jésus, dont il avoit toujours, dit-il, persécuté l'ordre sans le connoître, adjoute que comme ces bons religieux luy eurent fait entendre que cette façon de faire, qui avoit autreffois donné occasion de diffamer la mémoire de Guillaume Budé, mettroit encore la sienne en mauvaise odeur, et que plusieurs seroient confirmez dans l'opinion que l'on avoit eüe de son libertinage en fait de religion, il changea d'avis, et fit un codicile par lequel il revoqua sa première volonté, et ordonna d'estre ensevely honorablement et avec toutes les cérémonies de l'Église catholique et romaine. Ce qui ne fut pas pourtant si ponctuellement et selon son désir exécuté par ses héritiers.

Quoy qu'il en soit, il mourut dans le sein de l'Église, et dans la communion des fidèles, selon le témoignage authentique de ses adversaires mesmes.

Mais pour venir au détail de ses ouvrages, et rapporter quelques-uns de ses vers, l'an 1572, il fit imprimer le 28e chant du Roland furieux d'Arioste, traduit par luy en françois, à la rigueur des stances et de la ryme, avec la traduction de la première Sylve latine de Théodore de Bèze, et quelques odes imitées et paraphrasées du grec, et quelques sonnets amoureux, extraits, dit-il, du premier livre de ses jeunesses, et une ode saphique qu'il adresse à Jean-Antoine de Baïf, comme au grand maistre des vers mesurez. Ce chant qui montre, par l'exemple imaginaire de Joconde, le peu d'assurance que l'on doit avoir aux femmes, commence de la sorte :

Dames, et vous, qui les dames prisez,
Pour Dieu n'oyez raconter cette histoire
Qu'un tavernier par ses propos rusez
Pour vous blasmer tasche de faire croire,
Bien que la voix de gens si peu prisez
Ne puisse esteindre ou salir vostre gloire :
Car le vulgaire ignorant veut reprendre
Le plus souvent ce qu'il ne peut comprendre, etc...

Voicy le commencement d'une de ses odes imitée du grec, que j'insère icy d'autant plus, qu'elle passa pour un des plus fameux vaudevilles de son temps, et que je me souviens de l'avoir en ma jeunesse ouy chanter à mon ayeul :

Las ma mère je ne puis
Parachever ma fusée,
Tant éperdûment je suis
D'un doux penser abusée!
Alors que je veux saisir
Ma quenouille ou mon ouvrage,
Je sens naistre un fol désir
Qui m'en oste le courage.

J'ay veu que je n'avois soin
Que de banquets et de dances
Maintenant je fuy bien loin
Toutes ces réjouissances...

Et le reste qui sans doute est fort naïf et assez agréablement tourné. Voicy encore le commencement d'une autre ode saphique mesurée et sans ryme :

C'est à toy vrayment, de Baïf, à bon droit
C'est à toy sur tous que je dois présenter
Justement ces vers comme les premiers fruits
De ce qui est tien, etc...

Puisque je monstre un eschantillon de ses odes, il ne faut pas oublier d'en faire voir un de ses sonnets amoureux :

En contemplant cette grâce bénine
Ces doux attraits et ces ris gracieux,
Secrètement un feu pernicieux
D'un vain désir échauffe ma poitrine.

Mais quand je voys sa majesté divine
Et la beauté rare qu'elle a des cieux,
Tout éblouy je retire mes yeux
Me cognoissant de si grand heur indigne.

Je perds alors les esprits et la voix
Comme font ceux à qui parmy les bois
Pan s'apparoist horrible à l'impourveüe;

Si que pouvant à peine respirer
Ayant mon âme en extaze perdue
Au lieu d'aimer je ne fais qu'admirer.

Mais comme tous ces vers ne furent que les premiers de sa jeunesse, et comme ses premiers essays, deux sçavans hommes qui prirent le soin de recueillir ses odes ne les jugèrent pas dignes d'y estre insérez, non plus que son poëme intitulé *Les Plaisirs du Gentilhomme champestre*, imprimé pour la première fois à Paris in-4° l'an 1583, avec plusieurs autres de mesme nature, et depuis en mille autres endroits, marque évidente de son mérite. Il commence ainsy :

O trois fois heureuse noblesse
Qui, méprisant les grands honneurs,
Pour la vertu qui vous adresse
Avez cognu quelle détresse
Se trouve à la cour des seigneurs.

Et le reste qui n'est guière moins connu que *Les Plaisirs de la vie rustique*, de Pybrac, car ces deux fameux poëmes ne vont jamais guière l'un sans l'autre.

L'an 1598, il publia à Paris plusieurs vers funèbres sur la mort de cette illustre dame Louise de Budos, femme du duc et connestable de Montmorency : mais pour ce qu'ils ont esté insérez dans tous les recueils des vers françois de son tems, et par conséquent qu'ils ne sont pas moins connus que ces beaux recueils de divers autheurs, où Rapin a toujours eu tant de part, je n'en diray rien davantage, non plus que des poëmes mesurez, qu'il fit imprimer à Paris, in-4°, sur la mort de ce scavant personnage Jacques de Billy : sur le Roy retournant de son voyage de Bretagne, et sur la naissance heureuse du dauphin de France, l'an 1602, puisque l'on les trouve encore dans le corps de ses œuvres qui furent imprimées à Paris, in-4°, l'an 1610 sous ce titre : les *Œuvres latines et françoises* de Nicolas Rapin, poictevin, grand prévost de la connestablie de France, avec le tombeau de l'autheur, et plusieurs éloges. — En effet ce livre agréable au possible est divisé en trois parties dont la premiére contient ses poësies latines, qui témoignent assez que les petits bords du Clain ne produisent pas quelquefois de moins excellens hommes dans la poësie, que les rivages fameux du Tybre et du Tage, et que l'on a pu trouver ailleurs qu'en Italie et en Espagne, un Horace, un Tibule et un Martial tout ensemble, puisqu'il y a des odes, des élégies et des épigrammes à donner de la jalousie à ces trois grands héros de notre antique Parnasse.

Ses poësies françoises consistent en quelques versions de certaines épîtres et des odes d'Horace, aussi bien que de certaines élégies d'Ovide, de quelques psaumes de David, et en plusieurs autres vers de son invention, tant mesurez à la grecque et à la latine, que non mesurez, le tout écrit d'un style meslé et hardy et qui tesmoigne la force du génie de l'autheur. Voicy le commencement de la dix-neufiesme espitre imitée d'Horace : *Prisco si credis*, etc.

Sage et sçavant Pétau, si tu en crois Dorât
Viel maistre de l'eschole, et le bon Passerat,
Tous les vers qui sont faits par ces beuveurs d'eau claire
Ne valent jamais rien pour durer, et pour plaire.
Les poëtes sont mis comme foux et mal sains
Au rang des chevres-pieds, satyres et sylvains,
Suppots du Dieu du vin, et l'on dit que l'haleine
Des muses sent toujours le vin à gorge pleine.
Homère a tant loué cette douce liqueur
Qu'on croit que le bon-homme en beuvoit de bon cœur :
Ronsard ne se mettoit à escrire des armes
Qu'après avoir bien beu pour eschauffer ses carmes.
Je défends, disoit-il, à tous ces grands jeusneurs
De se mesler de vers ; mais qu'ils soyent chicaneurs,
Qu'ils aillent au palais estaler leur langage !
Depuis ce bel édict, nos poëtes font rage.
De hanter la taverne, et boire à qui mieux mieux,
Comme si pour bien boire ils imitoient les vieux, etc.

Pensées qui ont beaucoup de rapport avec ce que dit Muret, dans une de ses belles odes latines.

Baccus poëtas et facit, et fovet
Bacchus poëtarum ingenia excitat;
Bacchus novem prœstat puellis,
Et melior, potiorque Phœbo est.

Ter terna quisquis pocula sumpserit
   Dulcis Falerni, sentiet hic sibi
   Calere divino furore
   Carmina ad ejicienda mentem.
Sic lætus olim vixit Anacreon
   Cinctus virenti tempora pampino,
   Sic Ennius semper madenti
   Gutture carmina funditabat.
Algentis at quos potus aquæ juvat
   Frigent eorum carmina, nec ferunt
   Ætatem, etc.

Et en dépit de la fade ptisane que mes maux, dont le nom est aussy barbare que la douleur en est cruelle, m'obligent de boire depuis plus de trois mois, je prendray la hardiesse, avec la permission de mon lecteur, d'exagérer encore ici par mes propres vers les nobles effets du vin.

Mais à propos de vin, Lidas reverse à boire!
Aussy bien ce piot rafraichit la mémoire.
Il fait rire et dancer les plus sages vieillars,
Il leur met en l'esprit mille contes gaillards;
Et quoyque l'on ait dit de la fureur des muses
Il dispense le don des sciences infuses;
Si bien que par miracle il arrive souvent
Que l'ignorant qui boit devient homme sçavant.
Nostre Arcandre le sçait, qui, pour aymer la vigne,
Passe déjà par tout pour un poëte insigne,
Arcandre dont l'esprit ne fait rien de divin
S'il n'a mis dans son corps quatre pintes de vin.

Et le reste que l'on peut avoir dans mon poëme du *B nquet des poëtes*, réimprimé à Paris tant de fois, et depuis plusieurs jours à Leyden en Hollande, avec qnelques autres gayes petites productions de ma jeunesse. — Mais pour retourner à un homme que je crois valloir beaucoup mieux que moy, voicy le commencement d'une de ses odes, où il demande le payement de sa pension :

Rosny de qui le soin brillant
Comme un dragon toujours veillant

Garde les pommes hespérides
Contre les avares phocides,
De qui le zèle et la candeur
Ont mérité cette grandeur
De sçavoir les secrets, et d'estre
Le seul Mercure de son maistre,

A vous je me suis adressé
Pensant plustost estre dressé
De quelque somme qui m'est deüe
Déjà trop long tems attendüe.

J'ay cru comme chacun le dit
Que vous seul avez tout crédit
Et qu'en matière de finances
Tout passe par vos ordonnances.

Et un peu plus bas, exagérant ce qu'il sçait faire, il parle généreusement ainsy :

Je cherche volontiers l'honneur
De prendre au corps un gouverneur,
Et chastier une province
Qui fait la rebelle à son prince:

Des meschans j'abbas la fierté;
Aux bons j'apporte la seurté
Chassant cette canaille vile
Des voleurs qui troublent la ville.

Mais si l'on m'oste les moyens
De servir mes concitoyens,
Seroit-ce pas folie extrêsme
De ne me point servir moy-mesme ?

Sans plus enfin me consommer
Je seray contraint m'enfermer
Dans un cabinet sur un livre
Tout le tems qui me reste à vivre.

Je suis guéry d'ambition,
Content de ma condition,
Et tiens de la douce manie
De ceux que la muse manie.

J'ay appris des poëtes grecs
Et des vieux latins les secrets,
Façonnant l'élégie et l'ode
Sur la lyre, à l'antique mode.

J'ay mis au dorien niveau
Par un artifice nouveau
De nostre langue les mesures
En quantités, et en césures.

J'apporteray cet ornement
En France avec estonnement,
Pourveu qu'au dernier de mon âge
Pauvreté n'entre en mon ménage, etc.

Mais puisque son livre se peut recouvrer, je m'abstiendray d'en rapporter icy d'avantage, et comme ces endroits sont beaux, j'ay cru que je pouvois obliger mes lecteurs, en les produisant dans cet ouvrage. Je diray seulement qu'à la fin du playdoyé de Louis Dollé, avocat contre les jésuites, imprimé à Paris l'an 1595, il y a de ses vers, par lesquels il témoigne qu'il n'estoit pas de leurs meilleurs amys. Ils commencent ainsy :

Dollé, quand j'oüis la harangue
De ton plaidoyer éloquent,
Je ressentis bien que ta langue
Jusques au cœur m'alloit piquant.

Mais quand j'en ay veu la structure
L'artifice et l'ordre à loisir,
Je confesse que la lecture
M'a touché d'un plus grand plaisir.

Ta voix ressembloit au tonnerre
Que la foudre en feu suit de près,
Ou le grand vent qui contre terre
Renverse les plus hauts cyprès.

Arnault et toy d'un fort courage,
Comme deux dogues acharnez,
Osastes attaquer la rage
De ces Alastors incarnez.

Tous deux courans en mesme lice,
Descouplez pour un mesme effet,
Comme Diomède et Ulysse
Avez vostre ennemy deffait.

La cour heureusement pourveüe
De juges vertueux et droits
Quand l'occasion s'en est veüe
A chassé ces meurtriers des Rois.

Ces meurtriers qui, de vains scrupules
Bourrelant les confessions,
Soubs le beau lustre de leurs bules
Attrapoient nos successions.

Et le reste qui est véritablement remply de beaucoup d'aigreur et de colère contre divers bons religieux qui composoient pour lors cet excellent ordre. Il prit encore le soin de traduire élégamment en prose françoise l'épistre liminaire de l'*Histoire* du président de Thou qui fut premièrement imprimée à Paris à part in-8°, et que l'on peut voir encore dans le corps de ses œuvres; aussy bien que sa version françoise de cette excellente oraison que Cicéron prononcea au Sénat en la présence de Jules César, après la victoire contre Pompée, pour le remercier du rétablissement de Marcus Marcellus.

Je conjecture encore par une de ses lettres latines que j'ay, escritte de sa main propre à Jean Besly, son amy intime, avocat du Roy à Fontenay le Comtè, qu'il pouvoit bien être l'autheur d'une satyre intitulée : *Toga parisina*, imprimée à Paris, in-12, l'an 1606. Car encore que dans l'imprimé, il y ait des lettres capitales qui semblent désigner un autre nom que le sien, si est-ce qu'estant son style, il les a pu mettre comme un voile au devant des yeux du lecteur. Il composa encore plusieurs autres vers latins et françois, comme je le reconnois par la lecture de plusieurs de ses lettres manuscrites qui sont heureusement tombées entre mes mains par le moyen du fils du docte Besly, et son digne successeur en sa charge; et parmy ces lettres mesmes il se rencontre plusieurs épigrammes de sa façon qui n'ont jamais esté publiées, comme celle-cy par exemple sur la mort de Bèze.

Beza satis vixit si famam et tempora spectes:
  Cetera si vitæ munia, acerbus obit.
Hunc dilexere Æonides juvenilibus annis.
  Hunc etiam sero destituere senem.
Nunc famæ satur et vitæ, tam cognitus orbi
  Quam sibi, supremum gaudet obire diem.
Quod si immortalem cuiquam fore fata dedissent,
  Debuerat nullo tempore Beza mori.
At si quis seclis dignum est durare futuris,
  Æternum in Bezæ nomine numen erit.

Et cette autre encore faite à peu près sur le même sujet.

Dum tenuit Calvinum, dein te o Beza, Geneva,
  Post tenebras lux est, dixit, oborta mihi
Utroque amisso, plora, et dic heu tenebræ nunc :
  Post lucem nostrum circumiere caput.

Au reste il avoit une si grande passion pour les vers mesurez qu'il en fait trophée dans la pluspart de ses lettres, témoin celle où il dit escrivant à Jean Besly:

Courage donc et travaillons dans ce nouveau terrain qui produira bientot des fleurs immortelles nonobstant tout ce qui pourroit y apporter de l'empeschement. Les anciens rimeurs, les petits commis et les secrétaires de cour commencent déjà à craindre que leur mercerie ne se rouille, et que leurs couronnes ne se flétrissent, si les doctes, comme j'en ay vu plusieurs, prennent goust à mes travaux. Quant à moy, sans m'arrester à leurs railleries,

Hardy je courray dans le chemin tenu
D'Alcée et de Saphon au peuple non cognu
La France mes accords apprendra
Et la jeunesse à mon ayde viendra.

Et un peu plus haut, poussant sa pointe davantage :

> Les Hébrieux, dit-il, qui sont quasi de mesme, nous font leurs vers rimez et mesurez comme je l'ay appris de Genébrard, et de Postel, qui ne sont pas de mauvais autheurs en cette langue.

Et mesme dans cette passion qu'il avoit pour ce genre de poësie, il ne put s'empescher un jour de composer une épigramme latine contre Théodore de Béze qui avoit témoigné de ne pas approuver beaucoup cette nouveauté. En voicy les derniers vers, qui sont fort piquants et fort raisonnables :

> Si mala sunt ea quæ nova sunt, Theodore, quid urges ?
> Inque tuum tumet subjicis arma caput ?
> Nam sacra quæ colis, et quorum tu maximus aucthor
> Ignota hæc nobis, et nova nuper erant.

Entre ceux de qui les mains illustres travaillèrent à lui bastir un tombeau d'éternelle durée, et à luy consacrer des éloges immortels tant en vers qu'en prose, Scévole de Sainte-Marthe, Dominic Bauduis, Nicolas Bourbon, Jacques Gonthier, Nicolas Richelet, Georges Critton escossois, Salomon Certon, Jean Bonefous, Hilaire Tiraqueau, Raoul Callier, son neveu, Suzanne Callier sa très-digne niepce, Jacques Prevost du Dorat, et nostre fameux satyrique Mathurin Regnier firent éclater pour luy leur doctrine et leur zéle. Le docte Isaac Casaubon dans ses commentaires sur la première satyre de Perse, après avoir parlé de la poësie rhytmique, et montré que depuis longtemps les peuples de l'Europe, de l'Asie et de l'Afrique mesme avoient une grande passion pour elle; qu'entre les Hebreux, les rabins l'avoient souvent employée, et qu'entre les Arabes, l'*Alcoran* de Mahomet qui, depuis peu a été imprimé à Paris en prose françoise, estoit originairement en ryme, il adjouste qu'il y a d'excellens esprits parmy nous, qui croyent que nostre langue soit capable des lois de l'ancienne poësie, et mesme que nous pouvons mesurer nos vers sur la cadence des anciens, et parmy ceux-là, dit-il, audet Nicolaus Rapinus, ingenio fretus quo excellit, idem propositum urgere, sunt quo adeo nobis ab illo ἔμμετρος quæ'dam ενδει, ostensæ', exquisitissimæ eloquentiæ etc.

Estienne Pasquier, non content d'avoir parlé honorablement de luy et de ses vers mesurez dans ses doctes recherches de la France, et mesme d'y avoir inséré toute entière l'ode Saphique rymée dont il honora les cendres de Pierre de Ronsard, luy dédie encore quelques gentilles épigrammes que l'on peut lire sans doute avec plaisir dans son livre, témoin celle-cy où il fait une allusion aussy agréable que spirituelle sur son nom :

Quos das sponte lego, relegoque Rapine phaleucos,
O animæ, o animi, blanda Rapina mei.
At mihi quantumvis te pollicearis amicum
I tamen, alterius quære patrocinium.
In jus te rapio plagii te Flavia damnet
Qui me surpueris, culte Rapine, mihi.

Et cette autre qui commence de la sorte :

Marte sub ancipiti certabant Phœbus et Hermes
Huic Arpinus sei sorte Rapinus adest.

Et le reste que l'on peut voir dans le 7e livre des excellentes épigrammes de Pasquier qui, par paranthèse, fit grand estat des vers que Rapin luy présenta sur le sujet de la *Puce de Poictiers*. Réné Arnoul, dans son livre intitulé l'*Enfance*, luy dédia une épigramme assez gentille, où il le compare luy et son frère aux enfans jumaux de Jupiter et de Latône ; Scévole de Sainte-Marthe fait bien voir encore dans ses odes latines et françoises, et dans ses épigrammes françoises et latines, la haute estime qu'il faisoit de son mérite et l'affection tendre qu'il avoit pour luy. Guillaume du Peyrat, dans ses poësies latines, et particulièrement dans une ode qu'il luy adresse, l'appelle tantost l'ornement de la trouppe des muses : *Rapine Aoniæ decus caternæ;* tantost le Pindare de la France, *Salve Pindare Galliæ Rapine.* Antoine de Laval parlant dans un chapitre de ses desseins, des vers mesurez et rymez, dit qu'aprés avoir gousté ceux de Rapin, il y trouva tant d'art, tant d'industrie, et tant de belles inventions, auprès de nos rymes seules, qu'il pencha de ce costé là, non tant pour desdain qu'il eust de l'autre poësie, comme pour la créance qu'il avoit que cette façon d'escrire mesurée, essayée tant de fois, et n'ayant jamais pû s'eslever en crédit, seroit le vray outil pour faire choir la plume des mains à tant de petits brouillons et d'ignorans, qui s'enrument en rimant, et qui ont perverty le bel art poëtique nullement reconnoissable en beaucoup d'ouvrages de ce temps, au prix de ces belles pièces antiques qui ont fait teste à l'injure du ciel et des ans. — Estienne Bournier de Moulins, dans son *Jardin poétique d'Apollon et de Clémence* luy consacre des vers latins et françois, qui sont autant de preuves esclatantes de la satisfaction qu'il avoit en lisant ses œuvres. Jean de Larcher d'Avranches ayant rencontré par hazard un portrait de Rapin, en fut si ravy, qu'il ne feignit point pour l'avoir de l'achepter au prix d'un riche diamant qu'il portoit à son doigt, comme il le témoigne par un long poëme imprimé qu'il adressa sur ce sujet à nostre docte Rapin, qu'il n'avoit jamais veu, mais dont il révéroit tout à fait le mérite. Salomon Certon, dans ces divers poëmes, en adresse un fort beau en vers mesurez à Rapin qu'il en reconnoist le prince et le maistre, et regrette infiniment la perte que la France et les muses avoient faite en sa mort.

Ce fameux divertissement de nostre théâtre françois, le gentil Alexandre Hardy, se rencontrant un jour à Fontenay-le-Comte, l'alla visiter en sa maison de Terre-Neuve, où il luy présenta en sa louange une longue élégie françoise que je garde précieusement encore escritte de la main de l'autheur, elle commence ainsy :

Mon désir et mon heur en ce pélérinage
Qui tient depuis dix ans la course de mon âge,
Terme à moy plus fatal que celuy d'Illion,
Est de connoistre ceux qui d'entre un million
De peuples épandus sur la terre où nous sommes.
Surpassent en vertu le vulgaire des hommes
Et comme le fin Grec remarquant leurs humeurs
Me former aux patrons de leurs louables mœurs, etc.

Charles de Faye d'Espesses, dans ses *Mémoires des choses considérables avenues en France* de son tems, remarque comme j'ay dit, le temps de la mort de Rapin, et luy donne cet éloge véritable, qu'il estoit homme de courage, d'industrie, de gentillesse, d'esprit et de candeur; libéral au-dessus de ses forces et pour tant de bonnes qualités, bien digne d'une plus haute charge que celle qu'il a long temps exercée. Au reste, comme sa poësie françoise a je ne scay quoy de généreux et de loüable ; et que sa poësie latine a toujours passé pour nette et pour ingénieuse du commun consentement de tout le monde, Antoine du Verdier, La Croix du Maine, Georges Drande et l'autheur du *Promptuaire* des livres, ne l'ont pas oublié dans leurs bibliothèques des autheurs françois. Et depuis peu de jours ce docte et curieux religieux de Saint-Bernard, et de la congrégation de Notre-Dame des Feuillans, le R. P. Pierre de Saint-Romuald qui nous a donné cet utile et agréable trésor chronologique en trois gros volumes, fait aussy fort honorable mention de luy, et après y avoir cotté le temps de sa mort et rapporté son épitaphe latine, et m'y avoir mesme donné un éloge que je ne mérite pas, il ne dédaigne point aussy d'y insérer la version françoise que j'en ay faite, et que j'ay ci-dessus rapportée. Mais parmy tant d'illustres témoignages, il s'en est peu fallu que j'aye oublié celui que j'avois le plus au cœur ; c'est ce fameux prince de la satyre françoise, Mathurin Regnier, qui, parmy ses poëmes satyriques luy en desdie un de ses meilleurs selon la plus commune approbation des doctes, contre les ineptes versificateurs de son siècle, qui condamnent les bons et anciens poëtes et leurs plus excellens ouvrages : c'est ainsy que commence cette satyre.

Rapin, le favory d'Apollon et des muses,
Pendant qu'à leur mestier jour et nuit tu t'amuses
Et que d'un vers nombreux non encore chanté
Tu te fais un chemin à l'immortalité...

Et le reste qui est couronné de cette conclusion gaillarde et piquante.

Mais Rapin à leur goust, si les vieux sont prophanes
Si Virgile, le Tasse et Ronsard sont des asnes
Sans perdre à ce discours le tems que nous perdons
Allons comme eux aux champs, et mangeons des chardons.

FIN.

TABLE DES MATIÈRES

Les Manuscrits de la Bibliothèque du Louvre.

PREMIÈRE PARTIE. — CATALOGUE.

DEUXIÈME PARTIE.

FIN DE LA TABLE DES MATIÈRES.

Paris. — Typ. PILLET fils aîné. 5, rue des Grands-Augustins.

www.ingramcontent.com/pod-product-compliance
Lightning Source LLC
Chambersburg PA
CBHW072036080426
42733CB00010B/1915

* 9 7 8 2 0 1 2 5 7 7 3 5 0 *